논어

동양 고전
원문 읽기
시리즈 ❶

논어

공자 원전
윤지산 옮김

『논어』에 관한 짧은 소묘

마음으로 깨닫는다면, 길거리에서 쓰는 쉬운 말로 법의 요체를 잘 설명할 수 있으며, 제비가 지저귀는 소리에도 실상을 깊이 깨달을 수 있다. 그래서 보적 선사는 곡소리를 듣고 몸과 마음이 뛸 듯이 기뻤고, 보수 선사는 거리에서 다투는 것을 보고 진면목을 크게 깨달았다. - 『선가귀감』

(得之於心者, 非但街談, 善說法要. 至於鷰語, 深達實相也. 是故, 寶積禪師聞哭聲, 踊悅身心, 寶壽禪師, 見諍拳, 開豁面目者. - 『禪家龜鑑』)

'나'란 아니 우리 '인간'은 얼마나 역사적 존재인가! 역사라고 해서 단지 긴 시간과 넓은 공간, 그 사이에서 분투하는 인간을 가리키지 않는다. 지금, 여기에서 글을 쓰는 이 사람도 바로 역사이다. 이는 선언이 아니라 사실이라면, 그렇다면 견고한 성(城) 같은 '자아'라는 주체(subject)도 결국 역사적 산물에 지나지 않는다. 나는 역사가 만들어 준 존재이고 역사를 만들어 가는 존재이다.

동북아 역사 중심에는 늘 『논어』가 있었다. 이 텍스트를 읽을 때마다 이 텍스트가 얼마나 깊이 '나'라는 역사적 존재에 스며들었는가 절실히 통감한다. 나를 알고 나를 창조하려면 『논어』는 피할 수 없는 숙명이다. 『논어』는 아직 우리 사회 무의식의 저변에 흐르고 있다.

『논어』에 대한 흔한 오해 2개가 있다. 하나는 이 텍스트가 처음부터 완전한 형태로 우리 손에 전해졌다고 생각하는 것이다. 또 하나는 고대 중국어로 쓴 이 책을 현대 한국어로 완벽하게 옮길 수 있다고 여기는 것이다. 사실, 『논어』의 성립 연대, 작가, 판본에 대해서 아무것도 정확하게 밝혀진 것이 없다. 공자 제자들이 이 책을 편찬한 것은 틀림없겠지만, 제자 중 누가 언제, 어떤 언어로 채집했는지 기록이 없다. 『사기』의 「공자세가」, 「중니 제자 열전」이 가장 믿을 만하나 한계가 있다. 우선, 작가 사마천(司馬遷, BC 145?-86?)은 공자(BC 551-479) 사후 3백여 년이나 지난 인물이다. 설령 사마천이 중국 전역을 직접 발로 뛰면서 사료를 수집한 성실한 학자일지라도 그 역시 구전(口傳) 같은 2차 자료에 의존할 수밖에 없어 신빙성이 떨어진다. 최근 고고학적 성과에 따르면 사마천 시대 즉 한나라 초기에 지금 우리가 보는 형태의 『논어』가 없었다는 것이 대체적 중론이다.

현재 20장(章) 체제인 『논어』의 원형을 『장후론(張侯論)』이라고 하는데, 이는 서한 때 장우(張禹, BC ? -5)가 노나라 판본인 『노론(魯論)』과 제나라 판본인 『제론(齊論)』을 합쳐 만든 것이다. 하지만 이 책 역시 전하지 않는다. 이는 하안(何晏, 193?-249)이

쓴 『논어집해(論語集解)』의 기록을 따른 것이다. 『논어집해』를 따르면 "정현(鄭玄, 127-200)이 『노론』의 편장 체제에다 『제론』을 참고하여 『장후론』에다 주석을 달았다"고 한다. 정현과 하안은 우리에게 의외로 친숙한 인물이다. 『삼국지연의』를 보면, 젊었을 때 유비가 정현에게 사사하는 장면이 나오고, 어머니 윤씨가 조조(曹操 BC 220-154)와 재혼했으므로 하안은 조조의 의붓아들이 되는데, 조조가 하안을 총애해 나중에 사위로 삼는다. 어쨌든 지금까지 문헌학적, 고고학적 성과를 종합하면 현행 『논어』는 동한(東漢) 말에 성립하지 않았을까 추정하는 정도이다.

설령 판본을 확정하더라도, 『논어』는 경문만으로 정확하게 해석할 수 없다. 공자의 말씀을 이해하려면 우선 그 시대적 맥락을 알아야 하는 경우가 많다. 당시의 상황을 파악하려면 다른 문헌을 참고할 수밖에 없는데, 이럴 때 간혹 순환 논증 오류(circulus in probando)에 빠지기도 한다. 소위 '이경해경(以經解經)'이라는 이런 오류의 대표적 사례이다. '철수 집이 어딘가?'라고 물으니, '영희 집 옆'이라고 하자, '그럼, 영희 집은 어디?'라고 되물으면, '철수 집 옆'이라고 하는 것과 같다. 그럼 우리는 끝내 철수 집도 영희 집도 찾질 못한다. 이런 난점을 해결하려고 토대 혹은 준거를 마련하려고 고대부터 학자들은 끊임없이 노력한다. 토대, 기준, 벼리를 '경(經)'이라고 한다. 중국학의 오랜 전통인 경학(經學)은 이런 배경에서 성립하고, 그 결과 13경이 탄생한다. 하지만 이는 유학에서만 통용될 뿐이다. 즉 유교 경전을 해석할 때만 유효하다. 노장(老莊) 계열이나 불교는 13경은 기준으로서 역할을 하지 못한다. 이런 한계에도 불구하고 13경의 성립이 중국학 발전에 지대한 공헌을 한 것은 주지의 사실이다. 중국학은 곧 주석학이라는 말이 있을 정도이니 말이다.

만약 공자가 시간과 공간의 제약을 받는 학자라면, 『논어』는 한때 베스트셀러가 될 수 있을지언정 이토록 길게 살아남을 수 없다. 시대와 지역을 뛰어넘어 우리의 심금을 울릴 그 무언가가 『논어』에 서려 있어야 한다. 그것은 공자가 개념을 창조한 덕분이 아닐까(philosophers create concepts)? -이는 들뢰즈(Gilles Deleuze) 철학을 충실히 따른 것이다. 필자의 근간 『들뢰즈에 관한 에세이』를 참고하시면 좋겠다(Daniel W. Smith, 『Essays on Deleuze』, Edinburgh University Press, p126). 사실 이 번역은 들뢰즈의 철학이 많이 녹아 있다.- 공자 스스로는 기존 개념을 재해석한다고 겸손해하지만, 실은 창조한 것이다. 이를 '술이부작(述而不作)'이라는 언명으로 공자는 표현한다. 『논어』는 기존 언어로 해석할 수 없는 '새로움'으로 가득하다.

잘 알려져 있듯이, '군자(君子)' 혹은 '인(仁)'은 당시 세속에서 흔히 쓰는 말이지만, 공자와 만나면서 새롭게 얼굴과 표정을 갖는다. 우리가 지금 『논어』를 읽어야 하는 당위도 여기에 있다. 『논어』의 말씀을 단순히 복종/답습하는 것은 이 시대 이 공간에서는 아무런 의미가 없다. 그것은 그저 고대 중국인에게 필요할 뿐이다. 우리는 『논어』에서 공자가 어떻게 '역사적 자아'를 만들어가는가를 배워야 한다. 그러려면 그전에 반드시 『논어』를 충실히 읽어야 한다. 그러나 이 작업이 만만치 않다. 앞서 말했듯이, 경문만으로 해석할 수 없으므로 반드시 주석의 도움을 받아야 한다. 하지만 여기서 주의할 것은 주석가는 단지 문자 해석을 하지 않는다는 사실이다. 거기에는 작가가 의식하든 그렇지않든 그의 사유가 스며들게 마련이다. 심한 경우 『논어』 원문은 사라지고 주석가의 해석인 '전(傳)'만 남는다. 조선인에게 성리학(性理學)이 그런 사례이다. 하여튼 『논어』는 주석을 통해 끊임없이 재해석되면서 생명력을 유지한다. 그래서 『논어』를 독해하려면 반드시 넘어야 할 주석서가 몇 개 있다.

1. 하안, 『논어집해』
2. 황간(皇侃, 488 -545), 『논어의소(論語義疏)』
3. 형병(邢昺, 932-1010), 『논어정의(論語正義)』
4. 주희(朱熹, 1130-1200), 『논어집주(論語集註)』
5. 유보남(劉寶楠, 1791-1855), 『논어정의(論語正義)』
6. 정수덕(程樹德, 1877-1944), 『논어집석(論語集釋)』

※ 13경 중 하나인 『논어주소(論語註疏)』는 하안의 주에다 형병이 소를 단 것임.

한국과 일본의 주석에 대해 관심이 있다면, 정약용(丁若鏞, 1762-1836)의 『논어고금주(論語古今註)』, 이토 진사이(伊藤仁齊, 1627-1705)의 『논어고의(論語古義)』, 오규 소라이(荻生徂徠, 1666-1728)의 『논어징(論語徵)』을 읽으시길 권한다. 필독 주석서가 많다는 것은 그만큼 『논어』의 해석에 여지가 많다는 것을 방증한다.

이중 현대 한국 사회에서 특히 주목해야 할 것은 단연코 주희의 『논어집주』이다. 주석사는 주희 이전과 이후로 나눈다. 이전 주석을 고주(古注), 『집주』를 신주(新注)라고 부른다. 간단히 말하면, 주희의 주석이 선배 주석을 골동품으로 밀어낸 것이다. 『논어』가 역사 내내 맹위를 떨친 것을 유학의 관학화(官學化)와 밀접한 관련이 있다. 『논어』라는 텍스트가 중앙집권을 기획하는 이들의 구미에 맞았기 때문이다. '어버이에게 효도하듯, 황제에게 효도하라!' 한나라 동중서(董仲舒)가 황제 중심의 전제 권력을 강화하려고 '파출백가독존유술(罷黜百家獨尊儒術, 오직 유학만 받들고 다른 학문은 배척한다)' 같은 슬로건을 전면에 내세운 것은 결코 우연이 아니다. 황제라는 일자(一者) 자리에 리(理) 혹은 태극(太極)으로 대체한 철학이 바로 주희의 성리학이다. 현세를 황제가 지배하듯, 이 우주를 리라는 하나가 통섭한다는 것이다. 이후 원나라와 조선이 주희의 텍스트를 과거 시험용 교과서로 삼은 것은 이런 의도가 깔려 있었다.

이는 『논어』에 등장하는 공자의 사유를 심각하게 왜곡한 것이다. 공자는 신분의 차등으로서[分] 예(禮)를 존중했지만, 왕권을 절대화하지 않았다. 왕이 그릇이 아니라면 언제라도 결별하고 다른 길로 갔다. 공자가 위대하다면, 신분과 계급에 관계없이 '인간다움' 혹은 '사람의 길'이 무언가 진지하게 고민했고, 그것을 새로운 개념어 즉 '인(仁)'으로 제시했다는 것이다. 공부란 그 길을 학습하는 것, 하여 인간다움은 공부라는 과정에서 자연스럽게 드러나는 결과이지 애초부터 우리에게 주어진 정언적 명령이 아니다. 그래서 공자에게 무엇보다도 중요한 것은 '학(學)'이다.

각설하고, 『논어』는 주석과 같이 읽을 수밖에 없지만, 반드시 주석 하나를 기준으로 잡고 다른 것과 비교하면서 읽어야 한다. 그렇지 않으면 누가 어떻게 설명했는지 뒤죽박죽되어 버린다. 고주를 중심으로 하든 신주를 중심으로 하든 일단 기준을 하나 설정하는 것이 좋다. 주석마다 해석이 어떻게 다른지 '현현역색(賢賢易色)'을 보면 잘 드러난다. 우선 '易' 자의 발음이 다르다. 현대 중국어는 'yì' 하나이지만, 한국어는 '역'과 '이' 둘이다. 전자는 '바꾸다'라는 의미로 '무역(貿易)'이 용례이고, 후자는 '쉽다, 경시하다' 뜻으로 '용이(容易)'가 용례이다. 따라서 학자의 시각에 따라 '賢賢易色'의 번역이 달라진다. 다음처럼 크게 4가지로 번역한다.

1. 여색을 좋아하는 만큼 뛰어난 이를 걸맞게 대우한다.
   (여기서 '易'는 '역'임)

2. 뛰어난 이를 존중할 때는 평소와 달리 안색을 바꾼다.
   (여기서 '易'는 '역'임)

3. 뛰어난 이를 존중하고, 여색은 멀리한다.
   (여기서 '易'는 '이'임)

4. 덕행을 중시하고, 용모를 가볍게 여겨라.

　(여기서 '易'는 '이'임)

　이 해석은 모두 나름의 근거가 있으므로 우월을 가리기 어렵다. 고인들만 『논어』를 해석할 권리가 있는 것은 아니다. 우리는 옛사람보다 자료와 정보도 더 많고 또 연구할 조건도 매우 유리하다. 우리에게 중요한 것은 『논어』와의 만남을 통해서 어떤 새로움을 창조하는 것이 아닐까? 실체와 현상을 모두 '공(空)'으로 보는 불교적 허무주의를 극복하고 몽고에 밀려 꺾였던 자존심을 회복하려면 화이(華夷)의 구분이 절실했던 주희가 '리'를 중심으로 『논어』를 재해석하고 개념을 창조했듯, 백성이 주인[民主]이 되는 즉 백성의 제왕학으로서 『논어』를 다시 독해할 수 있지 않을까?

　『논어』가 아직 우리 무의식의 기저이고, 삶의 영토를 구획한다면 우리는 반드시 『논어』를 현대 한국어로 읽어야 한다. 외국어 공부가 늘 그렇듯, 유창해지려면 상당한 오랜 숙련이 필요하다. 현대 한국인이 고대 중국어나 현대 영어에 정통할 수는 있으나 해당 외국어를 다시 한국어로 번역하는 것은 또 그만큼의 훈련을 해야 한다. 또 우리가 외국어 번역을 경험한 것은 채 100년도 되지 않는다. 조선의 학자들은 한문으로 읽고 한문으로 이해했으며 한문으로 글을 썼다. 하지만 그들도 『율곡언해』를 보면 알 수 있듯이 번역의 필요성을 절감했지만, 시험 과목이 모두 한문이다 보니 더 깊이 나아가지는 못했다. 따라서 고대 중국어에 상응하는 한국어도 발달할 수 없었다. 예를 들자면, '患', '志' 같은 동사는 번역도 간단하지 않다. 통상 '걱정하다', '뜻을 두다'라고 번역하지만, 『논어』의 맥락을 보면 이보다 의미가 훨씬 강하다. 앞서 지적했듯, 공자는 기존 언어에다 새롭게 의미를 부여하면서 개념을 창조한다. 어떤 변화와 변혁을 추구하려면 그 언어는 때론 과격할 수밖에 없다. 다만, 우리는 이미 공자의 어법에 젖어 있어 그 강렬함을 느끼지 못할 뿐이다.

'患'은 '환자(患者)' 같은 용례에서 볼 수 있듯이 '몸이 몹시 아픈 상태에서 느끼는 감정'이다. 이런 뜻의 한글이 있는가? '志'는 '내 전부를 걸겠다는 주체적 결단(Entscheidung)'에 가깝다. 이를 한글로 어떻게 표현할 것인가? 물론 길게 풀어 뜻을 선명하게 할 수 있겠지만, 그러면 공자의 매력인 촌철살인(寸鐵殺人)의 마법이 살아나지 않는다. 그래도 동사는 사정이 나은 편이다. '인(仁)', '의(義)', '군자(君子)' 같은 추상 명사 혹은 개념어는 숫제 번역할 수 없는 예이다. 『논어』에서 '인'은 '사랑, 관용, 인간다움, 인간의 길, 부끄러움, 관계' 등의 다양한 의미로 변주된다. 그때마다 달리 번역해야 한다. 물론 인이라는 개념이 사랑과 반드시 일치하지도 않으니 실상 번역은 불가능한 셈이다. 본서는 이런 의도에서 출발한 것이다. 이 글을 읽으신 분은 이 점을 염두에 두고 보아주셨으면 한다. 그래서 기존 역서와 달리할 수밖에 없었다. 하나 더 부가하자면, 선학(先學)께서 심혈을 기울이신 역작 대개가 『율곡 언해』의 축자적 번역을 답습해 의미가 살아나지 않는다. 이를테면, 『학이』편 첫머리가 그렇다.

"學而時習之, 不亦說乎!"

『율곡언해』: "學학ᄒ고 時시로 習습ᄒ면 ᄯᅩᄒᆞᆫ 깃브디

아니ᄒᆞ랴!"

현대 번역 : "배우고 때로 익히면 또한 즐겁지 아니한가!"

　이런 번역은 문법적, 의미적, 논리적 문제가 많지만, 무엇보다도 공자께서 어떤 말씀을 하려 했는지 의미를 살리지 못하는 것이 가장 큰 문제이다. 우선, "不亦 ~ 乎"는 강조 구문이라는 것을 지적해두고자 한다. 맹자의 "군자삼락(君子三樂)"에 비견하는 인간 삶에서 최상의 즐거움을 공자께서 말씀한 것이다.. 따라서 번역 또한 그에 걸맞은 최상급으로 해야 한다. 그렇다면, '학(學)'이나 '습(習)'도 모두 번역이 달라져야 한다. 본서는 이런 문제의식에서 출발했고 그래서 번역이 사뭇 달라질 수밖에 없었다.

　번역에 이런 어려움이 있지만, 그대로 역사적 존재로서 '나'를 알고 변혁하려면 『논어』를 거치지 않을 수 없다면 도대체 『논어』를 편찬한 집단 지성은 도대체 무엇을 말하려는 것인가!! 필자는 어쩌다 『논어』를 3백 번 이상 독송했고 완전히 암송했다. 국내외 역서, 논문, 해설서를 수없이 읽었다. 그럼에도 『논어』가 무엇을 전하고자 하는지 도무지 몰랐다. 어리석은 탓이라 여겼지만, 『논어』를 하나의 관점, 혹은 하나의 원칙 아래에서 독해하려고 했던 방법론이 잘못되었다는 것을 나중에 깨닫게 되었다. 이는

주희의 영향이다. 성리학은 학파마다 정도의 차이는 있겠지만, 결국 '리'라는 세계 구성의 원리 아래 모든 것을 환원하려는 철학이다. 성리학의 장단점에 관해서 후속작을 준비하고 있으므로 나중에 자세히 논하겠지만, 이런 류의 철학의 특징은 반드시 하나를 정점에 두고 만물을 수직적 위계로 등급을 매긴다는 것이다. 인간이 만물의 영장이라는 우월한 지위를 얻지만, 동시에 인간과 인간끼리도 위계가 성립하는 것이 문제라는 것만 짚고 넘어가고자 한다. 이처럼 위에서 아래로 내려 보는 철학을 '하늘의 철학'이라고 부를 수 있겠다. 반면, 필자가 뒤늦게 해독한 『논어』는 '땅의 철학'이다. '하늘의 철학'이 개념(conception)을 먼저 제시하고 인간에게 복종을 강요한다면, '땅의 철학'은 인간이 스스로 그 개념을 짓는다. 개념이 미리 주어진 것이 아니므로, 자신이 딛고 있는 이 땅에서 만물과 교섭하면서 개념을 창조해야 한다. 공자에게서 이것은 '인(仁)'으로 구체화 된다. 『논어』에서 '인'을 다양하게 변주해야 했던 까닭도 여기에 있다. '인'은 선험적으로 정의할 수 없으며, 상황에 따라 관계에 따라 늘 새롭게 창조해야 하는 개념인 것이다.

『논어』를 읽으면서 늘 막막했던 것이 하나 있다. 공자는 문하의 뛰어난 제자들이 늘 '인'의 경계에 오르지 못했다고 안타까워 하시지 않는가? 성인에 친자(親炙)한 고제(高弟)도 그렇다면 필자 같은 우둔한 재질로는 감히 흉내조차 낼 수 없지 않은가! 그럼, 『논어』를 읽어서 무엇하랴! 무명의 어둠 아래 오랜 시간 방황했다. 이제야 그 길이 어렴풋이 보인다. 공자의 학생들은 인을 '외

부에 미리 설정된 어떤 실체'로 오해했기 때문에 절대 도달할 수
없었다. 공자께서 말씀하신다.

"仁遠乎哉? 我欲仁, 斯仁至矣."
"진정 인간의 길을 걷고자 한다면,
내가 절실히 원해야만 닿을 수 있다."

따라서 『논어』를 '무오류'라고 여기면서 맹목적으로 추종하는
것은 공자를 최대한 모욕하는 짓이다. 공자가 그랬듯, 『논어』를
읽고, 『논어』를 불태우며 새로운 시공을 열어가야 한다. 그것이
공자의 가르침의 요체라고 감히 단언한다. 공자께서 인간과 인간,
인간과 자연이 접속하면서 '새로운 길'을 열어가라고 했으므로,
그 말씀대로 『논어』와 만나 '나'라는 역사적 자아를 새롭게 창조
해야 한다. 그리 아름답지는 않으나, 들뢰즈는 이를 두고 '계간(鷄
姦)'이라는 표현을 썼다. 의아해하실 독자도 계시겠지만, 본서는
장자, 니체, 들뢰즈의 시각이 많이 들어가 있다. 물론 주희도 완벽
하게 떨쳐 낼 수 없음을 부정하지 않는다. 다만 주희의 철학에 동
조하지 않을 뿐이지, 학자로서 성실함과 엄밀함을 늘 배우고 있
다. 이 역서가 하나의 씨앗이 되어 이 땅에서 번역에 대한 논의가
활발하게 일어났으면 하는 마음 간절하다.

30여 년 전, 퇴락한 고가에서 출사를 제지당한 선현의 한이
서린 대전본(大全本) 『논어』를 처음 읽고 이제야 번역본을 세상
에 내놓는다. 선후배 학자, 동료들의 가르침이 없었다면 끝을 낼

수 없었을 것이리라! 공은 그분들 몫이고 과는 모두 필자의 책임이다. 물심양면으로 도와주신 청명(靑冥) 선생 이하 모든 분께 감사드린다. 존함을 일일이 거론하지 못함을 넓은 도량으로 헤아려 주셨으면 한다. 한없이 부족한 본서를 읽으시는 분들께서는 앞서 인용한 휴정(休靜)스님의 말씀처럼 좋은 인연 지으시고 활연관통하시길 기원한다.

2021년 겨울 용문에서 윤지산.

목차

學而第一

1

子曰, "學而時習之, 不亦說乎?　　　　자왈 학이시습지 불역열호

有朋自遠方來, 不亦樂乎?　　　　　　유붕자원방래, 불역락호

人不知而不慍, 不亦君子乎?"　　　　인부지이불온, 불역군자호

2

有子曰, "其爲人也孝弟,　　　　　　유자왈, 기위인야효제,

而好犯上者, 鮮矣,　　　　　　　　이호범상자, 선의,

不好犯上, 而好作亂者, 未之有也.　불호범상, 이호작란자, 미지유야

君子務本, 本立而道生.　　　　　　군자무본, 본립이도생

孝弟也者, 其爲仁之本與!"　　　　효제야자, 기위인지본여

3

子曰, "巧言令色, 鮮矣仁!"　　　　자왈, "교언영색, 선의인!"

4

曾子曰, "吾日三省吾身,　　　　　　증자왈, 오일삼성오신,

爲人謀而不忠乎?　　　　　　　　　위인모이불충호

與朋友交而不信乎? 傳不習乎?"　　여붕우교이불신호 전불습호

1

공자께서 말씀하셨다. "단련하다 홀연 익숙해지면 이보다 기쁜 일이 또 있겠는가? 뜻 맞는 친구가 멀리서 찾아온다면 더할 나위 없이 좋다. 다른 사람이 인정해주지 않더라도 흔들리지 않으면 진정 큰 어른이 아니겠는가?"

2

유약이 말했다. "부모께 효도하고 웃어른을 공경하는 사람이라면 윗사람에게 무례한 짓을 거의 하지 않는다. 윗사람께 함부로 굴지 않으면서 질서를 어지럽히는 경우는 드물다. 군자는 근본에 힘써야 한다. 근본이 서야 삶의 길이 잡힌다. 효성과 공경은 인간다움을 실천하는 근본이다."

3

공자께서 말씀하셨다. "말만 번지르르하게 하고 겉치장만 꾸미는 이들 치고 제대로 된 인간이 드물다!"

4

증자가 말했다. "나는 하루 세 가지를 살핀다. 다른 이를 위해 일하면서 착실했는가? 벗과 사귀면서 진실했는가? 배운 것을 내 것으로 만들었는가?"

5

子曰, "道千乘之國, 敬事而信,
節用而愛人, 使民以時."

자왈, 도천승지국, 경사이신
절용이애인, 사민이시

6

子曰, "弟子, 入則孝, 出則悌,
謹而信, 汎愛衆, 而親仁.
行有餘力, 則以學文."

자왈, 제자 입즉효 출즉제
근이신 범애중 이친인
행유여력, 즉이학문

7

子夏曰, "賢賢易色,
事父母, 能竭其力,
事君, 能致其身,
與朋友交, 言而有信.
雖曰未學, 吾必謂之學矣."

자하왈 현현이색
사부모 능갈기력
사군 능치기신
여붕우교 언이유신
수왈미학 오필위지학의

8

子曰, "君子不重, 則不威, 學則不固.
主忠信. 無友不如己者.
過則勿憚改."

군자부중 즉불위 학즉불고
주충신 무우불여기자
과즉물탄개

5

공자께서 말씀하셨다. "전차 천 대 정도의 병력을 보유한 나라를 다스릴 때는 매사를 신중히 하고 백성에게 믿음을 주어야 한다. 재화를 절도있게 쓰며 사람을 아껴야 한다. 또 백성을 동원할 때는 농번기를 피하고 날씨를 고려해서 적절한 때를 선택해야 한다."

6

공자께서 말씀하셨다. "젊은이들이여! 들어가서는 효도를 다 하고 나오면 이웃을 형제 대하듯 하라. 떳떳하게 행동하고 미쁘게 말하라. 사람다운 이를 더 가까이하라. 그래도 여유가 있거든 시중의 문자를 배워라!"

7

자하가 말했다. "뛰어난 이는 걸맞게 모시고 여색은 멀리하라. 부모나 군주를 섬길 때는 제힘을 다하라. 사람과 관계를 맺을 때는 진실하게 말해야 한다. 이런 사람이라면 (형편이 여의칠 않아) 제대로 배울 수 없었을지라도 나는 진정으로 배운 사람이라고 평가할 것이다."

8

공자께서 말씀하셨다. "리더가 무게가 없으면 위엄이 서지 않고, 공부해도 깊어지지 않는다. (사람으로서 제대로 서려면) 늘 행동은 진실되게 말은 미쁘게 해야한다. 자기보다 못한 이를 사귀지 말고,

9

曾子曰, "愼終追遠, 民德歸厚矣."

증자왈 신종추원 민덕귀후의

10

子禽問於子貢曰,

자금문어자공왈

"夫子至於是邦也, 必聞其政,

부자지어시방야 필문기정

求之與? 抑與之與?"

구지여 억여지여

子貢曰, "夫子溫良恭儉讓以得之.

자공왈 부자온량공검양이득지

夫子之求之也,

부자지구지야

其諸異乎人之求之與?"

기저이호인지구지여

11

子曰, "父在觀其志, 父沒觀其行,

자왈 부재관기지 부몰관기행

三年無改於父之道, 可謂孝矣."

삼년무개어부지도 가위효의

12

有子曰, "禮之用, 和爲貴.

유자왈 예지용 화이귀

先王之道, 斯爲美, 小大由之.

선왕지도 사위미 소대유지

有所不行, 知和而和,

유소불행 지화이화

허물이 있으면 바로 고쳐야 한다."

9

증자가 말했다. "상례를 잘 치르고 제사를 잘 모시면 민심이 후해진다."

10

자금이 자공에게 물었다. "큰 선생님께서 이 나라에 오시면 반드시 정치를 묻는 이들이 있을 것입니다. 선생님께서 부추긴 것입니까? 아니면 그들이 원해서입니까?"

자공이 대답했다. "큰 선생님께서 부드럽고 곧으시며 위엄이 서려 있고, 절제하시고 겸손하시므로 그들이 여쭙는 것이다. 선생님이 정치에 참여하시는 것이 어찌 뭇사람과 같겠는가?"

11

공자께서 말씀하셨다. "어버이가 살아계실 적은 그 뜻을 살피고, 돌아가시면 생전의 하신 일을 돌아본다. 적어도 3년은 어버이가 걸어오신 길을 바꾸지 말아야 효자라고 평가할 수 있다."

12

유자가 말했다. "예를 행할 때 조화가 중요하다. 옛날 훌륭한 왕은 이를 아름답게 여겨서 대소사를 모두 이를 바탕으로 하셨다. 그러나 하지 말아야 할 것도 있다. 조화가 중요하다고 조화롭게

不以禮節之, 亦不可行也."　　　　　불이례절지 역불가행야

13

有子曰, "信近於義, 言可復也.　　　유자왈 신근어의 언가복야
恭近於禮, 遠恥辱也.　　　　　　　공근어례 원치욕야
因不失其親, 亦可宗也."　　　　　인불실기친 역가종야

14

子曰, "君子食無求飽, 居無求安,　자왈 군자식무구포 거무구안
敏於事而愼於言, 就有道而正焉,　민어사이신어언 취유도이정언
可謂好學也已."　　　　　　　　　가위호학야이

15

子貢曰, "貧而無諂,　　　　　　　자공왈 빈이무첨
富而無驕, 何如?"　　　　　　　　부이무교 하여
子曰, "可也, 未若貧而樂,　　　　자왈 가야 미약빈이락
富而好禮者也."　　　　　　　　　부이호례자야
子貢曰, "詩云, '如切如磋, 如琢如磨',　자공왈 시운 여절여차 여탁여마
其斯之謂與?"　　　　　　　　　　기사지위여
子曰, "賜也, 始可與言詩已矣,　　자왈 사야 시가여언시이의
告諸往而知來者."　　　　　　　　고지왕이지래자.

만 해서는 안 된다. 예로써 절도있게 처리해야 한다."

13

유자가 말했다. "약속은 합리적 기준에 부합해야 실천할 수 있다. 공손하더라도 예의 기준에서 벗어나지 않아야 모욕을 받지 않는다. 이를 바탕으로 가까이해야 할 사람을 놓치지 않는다면 존경할 만하다."

14

공자께서 말씀하셨다. "진정 큰 어른이라면 배불리 먹고 편하게 살려 해서는 안 된다. 행동은 민첩하게 말은 신중하게 해야 한다. 항상 인간의 길을 묻고 자신을 곧게 세워야 한다. 이런 사람이라면 진정 배움을 좋아한다고 할 수 있다."

15

자공이 선생님께 여쭈었다. "가난하지만 아첨하지 않고, 부유하면서 교만하지 않으면 어떻습니까?"
공자께서 말씀하셨다. "좋구나! 하지만 가난하면서 즐길 줄 알고 부유하면서도 예를 좋아하는 것보다 못하다."
자공이 다시 말했다. "절차탁마라는 노래가 있는데 이런 뜻입니까?"
공자께서 말씀하셨다. "사(자공의 아명)야! 너는 노래를 진정 아는구나! 한 마디 던져주니 더 멀리까지 알아차리는구나!"

16

子曰, "不患人之不己知,
患不知人也."

자왈 불환인지불기지
환부지인야

공자께서 말씀하셨다. "남이 나를 알아주지 않는다고 아파 죽을 듯이 하지 마라! 다른 사람을 진정 알아보지 못함을 진정으로 아파해라!"

政 爲 第二

1

子曰, "爲政以德, 譬如北辰, 居其所而衆星共之."

자왈 위정이덕 비여북신 거기소이중성공지

2

子曰, "詩三百, 一言以蔽之, 曰, '思無邪'."

자왈 시삼백 일언이폐지 왈 사무사

3

子曰, "道之以政, 齊之以刑, 民免而無恥, 道之以德, 齊之以禮, 有恥且格."

자왈 도지이정 제지이형 민면이무치 도지이덕 제지이례 유치차격

4

子曰, "吾十有五而志于學, 三十而立, 四十而不惑, 五十而知天命, 六十而耳順, 七十而從心所欲, 不踰矩."

자왈 오십유오이지우학 삼십이립 사십이불혹 오십이지천명 육십이이순 칠십이종심소욕 불유구

5

孟懿子問孝. 子曰, "無違." 樊遲御, 子告之曰, "孟孫問孝於我,

맹의자문효 자왈 무위 번지어 자고지왈 맹손문효어아

1

공자께서 말씀하셨다. "덕치라는 것을 비유하자면 북극성을 중심에 두고 뭇 별들이 공전하는 것과 같다."

2

공자께서 말씀하셨다. "노랫말 300여 편을 '삿된 생각이 없이 순수하다'라고 한마디로 요약할 수 있다."

3

공자께서 말씀하셨다. "법으로 다스리고 형벌로 통제한다면 백성은 죄를 짓지 않을지언정 부끄러운 마음이 없다. 덕으로 다스리고 예로 이끌면 백성은 (죄를 짓는 것을) 부끄러워하면서 선하게 된다."

4

공자께서 말씀하셨다. "나는 열다섯에 배움이라는 그 자체에 모든 것을 걸기로 결단했고, 서른이 되어서는 이 뜻이 더 확고해졌으며, 마흔에는 어떤 유혹에도 흔들리지 않았다. 쉰에는 하늘의 뜻을 이해했고, 예순에는 (어떤 험한 소리를 듣더라도) 마음이 편했다. 일흔에는 마음이 가는 대로 따라도 법도와 어긋나지 않았다."

5

맹의자가 효를 묻자 공자께서 말씀하셨다. "어기지 말아야 한다." 번지가 수레를 몰고 출발하자 공자께서 말씀하셨다. "맹손이 나

我對曰, 無違."　　　　　　　　　아대왈 무위

樊遲曰, "何謂也?"　　　　　　　　번지왈 하위야

子曰, "生事之以禮, 死葬之以禮,　　자왈 생사지이례 사장지이례

祭之以禮."　　　　　　　　　　　제지이례

6

孟武伯問孝. 子曰,　　　　　　　맹무백문효 자왈

"父母唯其疾之憂."　　　　　　　부모유기질지우

7

子游問孝. 子曰, "今之孝者,　　　자유문효 자왈 금지효자

是謂能養. 至於犬馬, 皆能有養,　시위능양 지어견마 개능유양

不敬, 何以別乎?"　　　　　　　불경 하이별호

8

子夏問孝. 子曰, "色難.　　　　자하문효 자왈 색난

有事, 弟子服其勞, 有酒食, 先生饌,　유사 제자복기로 유주사 선생찬

曾是以爲孝乎?"　　　　　　　증시이위효호

9

子曰, "吾與回言終日, 不違如愚.　자왈 오여회언종일 불위여우

退而省其私, 亦足以發,　　　　　퇴이성기사 역족이발

回也不愚."　　　　　　　　　　회야불우

에게 효를 묻길래 내가 '어기지 마라'고 했다."

번지가 말했다. "무슨 말씀입니까?"

공자께서 말씀하셨다. "생전에 예법대로 모시고, 돌아가셔서 장례를 모실 때도 예를 다하고, 제사 지낼 때도 예로 해야 한다."

6

맹무백이 효에 대해서 물었다. 공자께서 말씀하셨다. "부모님은 자식이 아플까 그것만 걱정하십니다."

7

자유가 효에 대해 여쭈었다. 공자께서 말씀하셨다. "요즘은 물질적 봉양만 잘하면 효도한다고 한다. 개나 말도 사람이 거둬 먹인다. 공경하는 마음이 없다면 이것과 무슨 차이가 있겠는가!"

8

자하가 효를 여쭈었다. 공자께서 말씀하셨다. "부모님 안색을 살피는 것은 어렵다. 어려운 일은 자식이 대신하고 술과 밥이 있으면 부모님을 먼저 드리고 이런 것을 효라고 한 적이 있던가!"

9

공자께서 말씀하셨다. "내가 회(안연의 아명)와 종일 이야기해도 묵묵히 따르기만 해 어리석은 줄 알았다. 내게서 벗어나 혼자 있을 때 어떻게 하는가 살펴보았더니 내 말을 충분히 깨닫고 실천하고

10

子曰, "視其所以, 觀其所由,
察其所安. 人焉廋哉?
人焉廋哉?"

자왈 시기소이 관이소유
찰기소안 인언수재
인언수재

11

子曰, "溫故而知新, 可以爲師矣."

자왈 온고이지신 가이위사의

12

子曰, "君子不器."

자왈 군자불기

13

子貢問君子. 子曰,
"先行其言而後從之."

자공문군자 자왈
선행기언이후종지

14

子曰, "君子周而不比,
小人比而不周."

자왈 군자주이불비
소인비이불주

있었다. 회는 어리석지 않다."

10

공자께서 말씀하셨다. "하는 행동을 보고, 왜 그렇게 했는지 따져 보고, 무엇을 하려고 하는지 살핀다면 (그 사람을 알 수 있으니) 사람이 어찌 숨길 수 있겠는가! 사람이 어찌 숨길 수 있겠는가!"

11

공자께서 말씀하셨다. "옛 것을 깊이 연구하고 새 길을 열어간다면 선생 될 자격이 있다."

12

공자께서 말씀하셨다. "지도자라면 그릇처럼 막혀 있어서는 안 된다."

13

자공이 리더에 관해서 물었다. 공자께서 말씀하셨다. "먼저 행동하고 말은 뒤에 하도록 해라!"

14

공자께서 말씀하셨다. "군자는 두루 친하면서 패거리를 짓지 않는다. 소인은 패거리를 짓고 두루 친하지 않다."

15

子曰, "學而不思則罔,
思而不學則殆."

자왈 학이불사즉망
사이불학즉태

16

子曰, "攻乎異端, 斯害也已."

자왈 공호이단 사해야이

17

子曰, "由! 誨女知之乎! 知之爲知之,
不知爲不知, 是知也."

자왈 유 회여지지호 지지위지지
부지위부지 시지야

18

子張學干祿. 子曰,
"多聞闕疑, 愼言其餘, 則寡尤,
多見闕殆, 愼行其餘, 則寡悔.
言寡尤, 行寡悔, 祿在其中矣."

자장학간록 자왈
다문궐의 신언기여 즉과우
다견궐태 신행기여 즉과회
언과우 행과회 녹재기중의

19

哀公問曰, "何爲則民服?"
孔子對曰, "擧直錯諸枉, 則民服,

애공문왈 하위즉민복
공자대왈 거직조저왕 즉민복

15

공자께서 말씀하셨다. "생각 없는 배움은 맹목이고, 배움 없는 생각은 공허하다.

16

공자께서 말씀하셨다. "(중도를 벗어나) 원리만 추종하거나 극단으로 치우치는 것은 모두 해로울 뿐이다."

17

공자께서 말씀하셨다. "유(자로의 아명)야! 진정 안다는 것을 가르쳐줄까! 아는 것을 안다고 하고 모르는 것을 모른다고 하는 것이 진정 아는 것이다."

18

자장이 벼슬길을 여쭈었다. 공자께서 말씀하셨다. "많이 듣고 의심나는 것은 일단 제쳐두고 확실한 것만 조심스럽게 말하면 허물이 적어진다. 많이 보고 미심쩍은 것은 남겨두고 믿을 만한 것만 신중히 행동하면 후회가 적어진다. 말에 허물이 없고 행동에 후회가 없다면 벼슬은 저절로 따라온다."

19

애공이 하문했다. "어떻게 하면 백성이 따릅니까?"

공자께서 말씀을 올렸다. "부정한 사람 윗자리에 정직한 사람을

舉枉錯諸直, 則民不服." 거왕조저직 즉민불복

20

季康子問, "使民敬忠以勸, 如之何?" 계강자문 사민경충이권 여지하
子曰, "臨之以莊則敬, 孝慈則忠, 자왈 임지이장즉경 효자즉충
舉善而敎不能則勸." 거선이교불능즉권

21

或謂孔子曰, "子奚不爲政?" 혹위공자왈 자해불위정
子曰, "書云, '孝乎惟孝, 자왈 서운 효호유효
友于兄弟, 施於有政.' 우우형제 시어유정
是亦爲政, 奚其爲爲政?" 시역위정 해기위위정

22

子曰, "人而無信, 不知其可也. 자왈 인이무신 부지기가야
大車無輗, 小車無軏, 대거무예 소거무월

등용하면 백성이 따르고, 정직한 사람을 부정한 사람 아래에 두면 백성은 따르지 않습니다."

20

계강자가 하문했다. "어떻게 하면 백성이 삼가고 착실하게 살게 하면서 좋은 길로 이끌 수 있습니까?"

공자께서 대답하셨다. "위엄을 세우고 백성을 대하면 백성은 자연스럽게 삼갈 것이고, 높은 자리에 있는 사람이 몸소 부모님께 효를 다하고, 자식을 자애롭게 대하면 백성은 저절로 착실해 질 것입니다. 능력 있는 이를 등용해 잘 못하는 사람을 가르치게 한다면 백성을 좋은 길로 인도할 수 있습니다."

21

어떤 사람이 공자에게 힐난하듯 말을 걸었다. "그대는 어찌 직접 정치를 하지 않는가?"

공자께서 말씀하셨다. "『상서』에 '효도! 오직 효도뿐이다. 형제와 우애롭게 지내는 것이 정치를 하는 것과 같다!'라고 했다. 이 또한 정치를 하는 것이 아닌가! 그대 말처럼 정치하는 것만이 정치가 아니다."

22

공자께서 말씀하셨다. "사람이 믿음이 가지 않으면 그 사람이 무엇을 할 수 있겠는가! 큰 수레 끌채 끝에 횡목이 없고 작은 수레

其何以行之哉?"　　　　　　　　　　　기하이행지재

23

子張問十世可知也.　　　　　　　　　　자장문십세가지야

子曰, "殷因於夏禮, 所損益, 可知也,　　자왈 은인어하례 소손익 가지야

周因於殷禮, 所損益, 可知也.　　　　　주인어은례 소손익 가지야

其或繼周者, 雖百世, 可知也."　　　　기혹계주자 수백세 가지야

24

子曰, "非其鬼而祭之, 諂也.　　　　　　자왈 비기귀이제야 첨야

見義不爲, 無勇也."　　　　　　　　　　견의불위 무용야

에 멍에 걸이가 없다면 수레가 어찌 가겠는가!"

23

자장이 '열 세대 뒤의 일을 알 수 있습니까'라고 물었다.

공자께서 말씀하셨다. "은나라는 하나라의 예를 본받았으니 덜
고 남음을 알 수 있다. 주나라는 은나라 예를 본받았으니 덜고
남음을 알 수 있다. 만약 주나라를 계승한 나라가 있다면 백 세
대 뒤의 일도 알 수 있다."

24

공자께서 말씀하셨다. "자기가 모셔야 할 귀신이 아닌데도 제사
지내는 것은 아첨하는 짓이요, 의로운 일을 보고서도 행동하지
않는다면 용기가 없는 것이다."

佾三
八第

1

孔子謂季氏, "八佾舞於庭,
是可忍也, 孰不可忍也?"

공자위계씨 팔일무어정
시가인야 숙불가인야

2

三家者以 雍徹.
子曰, "'相維辟公, 天子穆穆',
奚取於三家之堂?"

삼가자이 옹철
자왈 상유벽공 천자목목
해취어삼가지당

3

子曰, "人而不仁, 如禮何?
人而不仁, 如樂何?"

자왈 인이불인 여례하
인이불인 여악하

4

林放問禮之本.
子曰, "大哉問!
禮, 與其奢也寧儉,
喪, 與其易也寧戚."

임방문례지본
자왈 대재문
예 여기사야영검
상 여기이야영척

1

공자께서 계씨를 평가하시며 말씀하셨다. "(천자가 아닌데도) 팔일무 (64명이 추는 춤)를 제 뜰에서 추게 하니, 이렇게 천자의 예법을 제 맘대로 도용하니 무슨 짓인들 못 하겠냐!"

2

맹손, 숙손, 계손 이 세 집안에서 옹 노래를 연주하며 제사를 끝냈다.

공자께서 말씀하셨다. "'제후들이 천자의 제사 돕네, 가운데 앉으신 천자는 밝게 빛나시네'라는 노래를 어찌 삼가가 제사를 지낼 때 쓰는가?"

3

공자께서 말씀하셨다. "사람이 사람답지 못한데 예는 무슨 소용이 있으며, 사람이 사람답지 못한데 음악은 무슨 소용이 있는가?"

4

임방이 예의 근본에 관해서 물었다.

공자께서 말씀하셨다. "질문이 좋다! 예는 사치하기보다는 검소한 것이 낫고 상례는 형식적 절차보다는 진정으로 슬퍼해야 한다."

5

子曰, "夷狄之有君,　　　　　　　자왈 이적지유군

不如諸夏之亡也."　　　　　　　　불여제하지무야

6

季氏旅於泰山.　　　　　　　　　계씨려어태산

子謂冉有曰, "女弗能救與?"　　　자위염유왈 여불능구여

對曰, "不能."　　　　　　　　　　대왈 불능

子曰, "嗚呼! 曾謂泰山不如林放乎?"　자왈 오호 증위태산불여임방호

7

子曰, "君子無所爭.　　　　　　　자왈 군자무소쟁

必也射乎! 揖讓而升,　　　　　　필야사호 읍양이승

下而飮. 其爭也君子."　　　　　　하이음 기쟁야군자

8

子夏問曰, "'巧笑倩兮, 美目盼兮,　자하문왈 교소천혜 미목반혜,

素以爲絢兮.'何謂也?"　　　　　　소이위현해 하위야

子曰, "繪事後素." 曰, "禮後乎?"　자왈 회사후소 왈 예후호

子曰, "起予者商也! 始可與言詩已矣."　자왈 기여자상야 시가여언시이의

5

공자께서 말씀하셨다. "오랑캐 땅에 군주가 있더라도 중원에 군주가 없는 것만 못하다."

6

계씨가 태산에 (천자만이 지낼 수 있는) 여 제사를 지냈다.
공자께서 염유를 꾸짖었다. "네가 막을 수 없었더냐?"
염유가 대답했다. "그럴 수 없었습니다."
공자께서 탄식하셨다. "태산의 산신이 임방만도 못하단 말이냐!"

7

공자께서 말씀하셨다. "군자는 다투지 않는다. 혹시 그럴 일이 있다면 활쏘기일 것이다. 예를 갖추고 발사대에 올랐다 내려와 벌주를 마신다. 다투더라도 이렇게 해야 진정한 군자가 아니겠는가!"

8

자하가 여쭈었다. "'아름다운 웃음과 보조개, 선명한 눈동자. 흰색으로 그림의 윤곽을 선명하게 마무리하네!' 이 노래는 무엇을 말하려는 것입니까?"
공자께서 말씀하셨다. "그림 그릴 때 마지막에 흰색으로 선을 잡는다는 뜻이야!" "그럼 예가 제일 마지막이겠군요?"
공자께서 말씀하셨다. "나를 깨어나게 하는 이는 상(자하의 아명)이구나! 너와는 이제 시를 토론할 수 있겠다!"

9

子曰, "夏禮吾能言之, 杞不足徵也,　　　　자왈 하례오능언지 기부족징야
殷禮吾能言之, 宋不足徵也.　　　　　　　은례오능언지 송부족징야
文獻不足故也.　　　　　　　　　　　　문헌부족고야
足則吾能徵之矣."　　　　　　　　　　　족즉오능징지의

10

子曰, "禘自旣灌而往者,　　　　　　　　자왈 체자기관이왕자
吾不欲觀之矣."　　　　　　　　　　　　오불욕관지의

11

或問禘之說.　　　　　　　　　　　　　혹문체지설
子曰, "不知也, 知其說者之於天下也,　　　자왈 부지야 지기설자지어천하야
其如示諸斯乎!" 指其掌.　　　　　　　　기여시저사호 지기장

12

祭如在, 祭神如神在.　　　　　　　　　제여재 제신여신재
子曰, "吾不與祭, 如不祭."　　　　　　　자왈 오불여제 여부제

9

공자께서 말씀하셨다. "하나라의 예법에 관해서 내가 말할 수 있겠으나 기나라에 증거가 많이 남아 있지 않다. 은나라의 예법도 내가 충분히 설명할 수 있으나 역시 송나라에 증거가 많이 남아 있지 않다. 전해 오는 기록도 별로 없고 이를 잘 아는 사람도 거의 없기 때문이다. 만약 기록이 많이 남아 있고 아는 사람이 많다면 나는 하나라와 은나라 예법을 잘 설명할 자신이 있다."

10

공자께서 말씀하셨다. "(계속 모셔야 할 조상과 그렇지 않은 조상을 가리는) 체 제사에 울창주를 쓰는 것을 보고 나는 더는 체 제사 지내는 것을 보고 싶지 않았다."

11

누군가 체 제사에 관해서 공자께 여쭈었다.

공자께서 말씀하셨다. "나는 잘 모른다. 만약 잘 아는 사람이 있다면 천하를 여기에 두고 보는 듯이 할 것이다." 그러시고는 손바닥을 가리키셨다.

12

제사 모실 때 있는 듯이 하라는 말은 신께 제사 올릴 때 마치 신이 강림하신 듯이 모시라는 뜻이다.

공자께서 말씀하셨다. "내가 직접 제사에 참여하지 않으면 제사

13

王孫賈問曰, "與其媚於奧,
寧媚於竈, 何謂也?"
子曰, "不然, 獲罪於天, 無所禱也."

왕손가문왈 여기미어오
영미어조 하위야
자왈 불연 획죄어천 무소도야

14

子曰, "周監於二代,
郁郁乎文哉! 吾從周."

자왈 주감어이대
욱욱호문재 오종주

15

子入太廟, 每事問.
或曰, "孰謂鄹人之子知禮乎? 入太廟,
每事問." 子聞之曰, "是禮也."

자입태묘 매사문
혹왈 숙위추인지자지례호 입태묘
매사문 자문지왈 시례야

16

子曰, "射不主皮, 爲力不同科,
古之道也."

자왈 사부주피 위력부동과
고지도야

를 지내지 않는 것과 마찬가지이다."

13

왕손가가 (힐난하듯) 물었다. "아랫목 신에게 잘 보이기보다는 조왕
신에게 잘 보이라는 말이 있습니다. 무슨 뜻입니까?"
공자께서 말씀하셨다. "그렇지 않습니다. 하늘에 죄를 지으면 기
도할 곳이 없습니다."

14

공자께서 말씀하셨다. "주나라는 하, 은나라 이대를 거울삼았다.
찬란하고 찬란하구나! 그 문화여. 나는 주나라를 따르겠다."

15

공자께서 태묘에 들어가시면 매사를 물으셨다.
어떤 사람이 이를 평가했다. "누가 추인의 아들더러 예를 안다고
했는가? 태묘에 들어가서 (잘 몰라서) 매사를 묻는구나?"
공자께서 이 이야기를 듣고 말씀하셨다. "이것이 바로 예이다."

16

공자께서 말씀하셨다. "활쏘기할 때 가죽 과녁을 뚫는 것으로 사
람을 평가하지 않는다. 사람마다 힘이 다르기 때문이다. 이것이
옛사람의 도이다."

17

子貢欲去告朔之餼羊.　　　　　　　자공욕거곡삭지희양

子曰, "賜也! 爾愛其羊, 我愛其禮."　자왈 사야 이애기양 아애기례

18

子曰, "事君盡禮, 人以爲諂也."　　　자왈 사군진례 인이위첨야

19

定公問, "君使臣, 臣事君, 如之何?"　정공문 군사신 신사군 여지하

孔子對曰, "君使臣以禮, 臣事君以忠."　공자대왈 군사신이례 신사군이충

20

子曰, "關雎, 樂而不淫, 哀而不傷."　자왈 관저 낙이불음 애이불상

21

哀公問社於宰我. 宰我對曰,　　　　애공문사어재아 재아대왈

"夏后氏以松, 殷人以栢, 周人以栗,　하후씨이송 은인이백 주인이율

曰, 使民戰栗."　　　　　　　　　　왈 사민전율

17

자공이 초하루 제사 때 양을 바치던 관습을 폐지하려 했다.

공자께서 말씀하셨다. "사야! 너는 양이 아까우냐? 나는 예를 아낀다."

18

공자께서 말씀하셨다. "군주를 모실 때 예를 다하면 사람들이 아첨한다고 수군댄다."

19

정공이 하문했다. "군주는 신하를 어떻게 부리고 신하는 군주를 어떻게 섬겨야 합니까?"

공자께서 말씀을 올렸다. "군주는 예로써 신하를 부려야 하고 신하는 진심을 다하여 군주를 섬겨야 합니다."

20

공자께서 말씀하셨다. "관저의 곡조는 즐거우면서 넘치지 않는다. 슬프면서도 마음을 상하게 하지 않는다."

21

애공이 재아에게 신목에 관해서 물었다. 재아가 말씀을 올렸다. "하후씨는 소나무로, 은나라 사람은 전나무로, 주나라 사람은 밤나무로 신목으로 삼았습니다. 주나라 사람이 그렇게 한 까닭은

子聞之曰, "成事不說, 遂事不諫, 既往不咎."

자문지왈 성사불설 수사불간 기왕불구

22

子曰, "管仲之器小哉!"
或曰, "管仲儉乎?"
曰, "管氏有三歸, 官事不攝, 焉得儉?"
"然則管仲知禮乎?"
曰, "邦君樹塞門, 管氏亦樹塞門.
邦君爲兩君之好, 有反坫,
管氏亦有反坫. 管氏而知禮,
孰不知禮?"

자왈 관중지기소재
혹왈 관중검호
왈 관씨유삼귀 관사불섭 언득검
연즉관중지례호
왈 방군수색문 관씨역수색문
방군위양군지호 유반점
관씨역유반점 관씨이지례
숙부지례

23

子語魯大師樂, 曰, "樂其可知也,
始作, 翕如也, 從之, 純如也, 皦如也,
繹如也, 以成."

자어노태사악 왈 악기가지야
시작 흡여야 종지 순여야 교여야
역여야 이성

24

儀封人請見, 曰, "君子之至於斯也,

의봉인청현 왈 군자지지어사야

'백성들에게 겁을 주려는 것이었습니다.'"

공자께서 이야기를 듣고 말씀하셨습니다.

"지나간 일은 묻지 않고, 흘러간 일은 따지지 않고, 이미 엎질러진 것에 관해서는 허물하지 않는다."

22

공자께서 말씀하셨다. "관중은 그릇이 작다."

어떤 사람이 반문했다. "관중은 검소하지 않습니까?"

"관씨는 삼귀를 두었으면서도 공무를 같이 처리하게 하지 않았다. 어찌 검소하다고 평가할 수 있겠는가?"

"그렇다면 관중은 예를 안다고 할 수 있습니까?"

"군주만 수색문을 설치할 수 있거늘 관중도 수색문을 만들었다. 또 군주끼리 만났을 때만 반점을 놓거늘 관씨도 반점을 두었다. 관씨가 예를 안다고 하면 누가 예를 모르겠는가!"

23

공자께서 노나라 악관인 태사에게 음악에 대해 말씀하셨다. "음악을 알 수 있을 것 같다. 시작은 먼저 타악기가 앞을 끌고 간다. 다음 현악기가 이어진다. 악기마다 제 소리가 살아났다 다시 합쳐져 종장으로 흘러간다."

24

의읍의 봉인이 공자를 뵙고자 했다. "군자께서 여기에 왔을 때 만

吾未嘗不得見也."　　　　　　　　오미상부득현야

從者見之. 出曰, "二三子何患於喪乎!　종자현지 출왈 이삼자하환어상호

天下之無道也久矣,　　　　　　　천하지무도야구의

天將以夫子爲木鐸."　　　　　　　천장이부자위목탁

25

子謂韶, "盡美矣, 又盡善也."　　　자위소 진미의 우진선야

謂武, "盡美矣, 未盡善也."　　　　위무 진미의 미진선야

26

子曰, "居上不寬, 爲禮不敬,　　　　자왈 거상불관 위례불경

臨喪不哀, 吾何以觀之哉?"　　　　임상불애 오하이관지재

나 뵙지 못한 적이 없다."

공자를 모시던 사람들이 안으로 모셨다. 그는 뵙고 나서 밖에 있던 사람들에게 말했다. "그대들은 공자께서 지위를 얻지 못하는 것을 너무 걱정하지 마라! 하늘의 도가 사라진 지 오래되어 하늘은 부자(공자)를 목탁으로 쓰시려고 하신다."

25

공자께서 순임금의 음악 소를 평가하시면서 말씀하셨다. "지극히 아름답고 지극히 선하다." 또 무왕의 음악 무를 평가하셨다. "지극히 아름답지만 지극히 선하지는 않다."

26

공자께서 말씀하셨다. "윗자리에 있으면서 너그럽지 못하고 예를 행하면서 공손하지 못하며, 상례를 치를 때도 슬픈 마음이 없다면 그런 사람을 무엇으로 평가할 수 있겠는가!"

里仁
第四

1

子曰, "里仁爲美.
擇不處仁, 焉得知?"

자왈 이인위미
택불처인 언득지

2

子曰, "不仁者不可以久處約,
不可以長處樂.
仁者安仁, 知者利仁."

자왈 불인자불가이구처약
불가이장처락
인자안인 지자이인

3

子曰, "唯仁者能好人, 能惡人."

자왈 유인자능호인 능오인

4

子曰, "苟志於仁矣, 無惡也."

자왈 구지어인의 무악야

5

子曰, "富與貴, 是人之所欲也,
不以其道得之, 不處也.
貧與賤, 是人之所惡也,
不以其道得之, 不去也.

자왈 부여귀 시인지소욕야
불이기도득지 불처야
빈여천 시인지소오야
불이기도득지 불거야

1

공자께서 말씀하셨다. "인심이 후한 동네가 살기 좋은 곳이다. 인심이 후한 곳을 찾아 살지 않으면 어찌 지혜롭다 할 수 있겠는가?"

2

공자께서 말씀하셨다. "사람답지 못한 자는 가난도 오래 견디지 못하고 즐거움도 오래 누리지 못한다. 사람다운 이는 사람다움을 마땅히 실천하고, 지혜로운 자는 사람다움에서 좋은 결과가 나온다는 것을 안다."

3

공자께서 말씀하셨다. "많은 것을 헤아려 공감할 수 있는 사람만이 사람을 좋아할 수도 미워할 수도 있다."

4

공자께서 말씀하셨다. "진실로 인간의 길을 걷기로 결단한다면, 다른 사람의 미움을 받지 않는다."

5

공자께서 말씀하셨다. "부와 귀는 사람들이 모두 좋아하는 것이다. 하지만 정당한 수단이 아니라면 그것을 취해서는 안 된다. 가난과 천함은 사람들이 모두 싫어하는 것이다. 정당한 방법이 아니라면 거기에서 벗어나려 해서는 안 된다. 군자가 인간다움을 버

君子去仁, 惡乎成名?　　　　　군자거인 오호성명

君子無終食之間違仁,　　　　　군자무종식지간위인

造次必於是, 顚沛必於是."　　　조차필어시 전패필어시

6

子曰, "我未見好仁者, 惡不仁者.　자왈 아미견호인자 오불인자

好仁者, 無以尙之, 惡不仁者,　　호인자 무이상지 오불인자

其爲仁矣, 不使不仁者加乎其身,　기위인의 불사불인자가호기신

有能一日用其力於仁矣乎?　　　유능일일용기력어인의호

我未見力不足者. 蓋有之矣,　　아미견력부족자 개유지의

我未之見也."　　　　　　　　아미지견야

7

子曰, "人之過也, 各於其黨.　　자왈 인지과야 각어기당

觀過, 斯知仁矣."　　　　　　관과 사지인의

8

子曰, "朝聞道, 夕死可矣."　　　자왈 조문도 석사가의

9

子曰, "士志於道, 而恥惡衣惡食者,　자왈 사지어도 이치악의악식자

리고 어찌 명성을 얻을 수 있겠는가! 군자는 밥 먹는 시간 같은 짧은 순간에도 인간다움을 잊어서는 안 된다. 급한 일이 있거나 넘어지더라도 항상 인간다움을 염두에 두어야 한다."

6

공자께서 말씀하셨다. "나는 여태 진정으로 인간다움을 사랑하고, 인간답지 않음을 미워하는 이는 보지 못했다. 진정 인간다움을 사랑한다면 더 말할 게 없고, 인간답지 못함을 미워한다면 자신에게 인간답지 않은 행동을 못 하게 할 것이다, 단 하루라도 이 인간다움에 힘을 쓴 적이 있는가! 나는 아직 힘에 부쳐 이를 실천하지 못한 사람을 본 적이 없다. 혹시 있을 수도 있겠다. 내가 보지 못했을 수도 있다."

7

공자께서 말씀하셨다. "사람의 허물은 제가 속한 집단마다 다 다르다. 허물을 보면 그 사람이 어떤 사람인지 알 수 있다."

8

공자께서 말씀하셨다. "아침에 도를 듣고 저녁에 죽더라도 여한이 없겠다."

9

공자께서 말씀하셨다. "인간의 길에 진정 뜻을 두고서도 해진 옷

未足與議也." 　　　　　　　　미족여의야

10

子曰, "君子之於天下也, 無適也, 　　　자왈 군자지어천하야 무적야

無莫也, 義之與比." 　　　　　　　무막야 의지여비

11

子曰, "君子懷德, 小人懷土, 　　　　자왈 군자회덕 소인회토

君子懷刑, 小人懷惠." 　　　　　　군자회형 소인회혜

12

子曰, "放於利而行, 多怨." 　　　　자왈 방어리이행 다원

13

子曰, "能以禮讓爲國乎? 何有? 　　　자왈 능이례양위국호 하유

不能以禮讓爲國, 如禮何?" 　　　　불능이례회위국 여례하

14

子曰, "不患無位, 患所以立. 　　　　자왈 불환무위 환소이립

不患莫己知, 求爲可知也." 　　　　불환막기지 구위가지야

을 입거나 거친 음식을 먹는 것을 부끄러워한다면 같이 길을 가기 어렵다."

10

공자께서 말씀하셨다. "리더라면 세상에 관해서 반드시 해야 할 것도 하지 말아야 할 것도 없다. 오직 합리적 기준을 따라야 한다."

11

공자께서 말씀하셨다. "군자는 늘 덕을 염두에 두지만, 소인은 늘 땅 같은 재산을 생각한다. 군자는 형벌을 생각하지만, 소인은 작은 혜택만 바란다."

12

공자께서 말씀하셨다. "(눈 앞의)이익을 쫓아가면 원성을 많이 산다."

13

공자께서 말씀하셨다. "예와 겸양으로 나라를 다스린다면 무슨 어려움이 있겠는가! 예와 겸양으로 다스리지 못한다면 예가 무슨 소용이 있겠는가?"

14

공자께서 말씀하셨다. "지위가 없음을 너무 아파하지 마라. 지위에 설 만한 능력이 없음을 먼저 아파하라. 자기를 알아주지 않는

15

子曰, "參乎! 吾道一以貫之."　　　　　자왈 삼호 오도일이관지

曾子曰, "唯."　　　　　　　　　　　증자왈 유

子出, 門人問曰, "何謂也?"　　　　　자출 문인문왈 하위야

曾子曰, "夫子之道, 忠恕而已矣."　　증자왈 부자지도 충서이이의

16

子曰, "君子喩於義, 小人喩於利."　　자왈 군자유어의 소인유어리

17

子曰, "見賢思齊焉,　　　　　　　　자왈 견현사제언

見不賢而內自省也."　　　　　　　　견불현이내자성야

18

子曰, "事父母幾諫, 見志不從,　　　자왈 사부모기간 견지부종

又敬不違, 勞而不怨."　　　　　　　우경불위 노이불원

다고 애달파 하지 말고, 알아 볼 만한 실력을 먼저 갖추어라!"

15

공자께서 말씀하셨다. "삼(증자의 아명)아! 내 도는 하나로 통한다."
증자가 대답했다. "알겠습니다."
공자께서 나가시자 문인들이 증자에게 물었다. "무슨 뜻입니까?"
증자가 말했다. "선생님의 도는 충과 서일뿐이다."

16

공자께서 말씀하셨다. "군자는 의로움에 밝고, 소인은 이익에
밝다."

17

공자께서 말씀하셨다. "뛰어난 사람을 보면 그 사람과 같게 되기
를 생각하고, 못난이를 보면 자신도 그렇지 않은지 살펴야 한다."

18

공자께서 말씀하셨다. "부모님을 모실 때 부모님께 허물이 있더라
도 조심스럽게 말씀드려야 하며, 설령 부모님이 내 뜻을 따르지
않더라도 더욱 공경하며 어긋나지 말아야 한다. 또 힘들더라도
부모님을 원망하지 말아야 한다."

19

子曰, "父母在, 不遠遊, 遊必有方."　　자왈 부모재 불원유 유필유방

20

子曰, "三年無改於父之道, 可謂孝矣."　　자왈 삼년무개어부지도 가위효의

21

子曰, "父母之年, 不可不知也.　　자왈 부모지년 불가부지야
一則以喜, 一則以懼."　　일즉이희 일즉이구

22

子曰, "古者言之不出, 恥躬之不逮也."　　자왈 고자언지불출 치궁지불체야

23

子曰, "以約失之者鮮矣."　　자왈 이약실지자선의

24

子曰, "君子欲訥於言而敏於行."　　자왈 군자욕눌어언이민어행

19

공자께서 말씀하셨다. "부모님이 생전에 계시면 멀리 유학을 가지 말아야 한다. 유학을 가더라도 반드시 생활에 규율이 있어야 한다."

20

공자께서 말씀하셨다. "아버지가 돌아가시고 아버지가 했던 일을 3년은 바꾸지 말아야 효자라고 평가할 수 있다."

21

공자께서 말씀하셨다. "부모님 나이는 반드시 알고 있어야 한다. (오래 사셔) 한 편으로 기쁘고 (곧 돌아가실 수도 있으니) 한편으로 슬프다."

22

공자께서 말씀하셨다. "옛 어른들은 말씀을 함부로 하지 않는다. 실천하지 못하는 것을 늘 부끄러워하셨다."

23

공자께서 말씀하셨다. "간소하게 살면 실수하는 일이 적다."

24

공자께서 말씀하셨다. "리더라면 말은 어눌하게 행동은 민첩하게 해야 한다."

25

子曰, "德不孤, 必有鄰."

자왈 덕불고 필유린

26

子游曰, "事君數, 斯辱矣, 朋友數,
斯疏矣."

자유왈 사군삭 사욕의 붕우삭
사소의

25

공자께서 말씀하셨다. "덕이 있는 사람은 외롭지 않다. 반드시 이웃이 있다."

26

자유가 말했다. "군주를 섬길 때 자주 간하면 욕을 당하고 친구도 자주 충고하면 사이가 멀어진다."

長冶公
五第

1

子謂公冶長, "可妻也. 雖在縲絏之中,
非其罪也." 以其子妻之.

자위공야장 가처야 수재류설지중
비기죄야 이기자처지

2

子謂南容, "邦有道, 不廢, 邦無道,
免於刑戮." 以其兄之子妻之.

자위남용 방유도 불폐 방무도
면어형육 이기형지자처지

3

子謂子賤, "君子哉若人! 魯無君子者,
斯焉取斯?"

자위자천 군자재약인 노무군자자
사언취사

4

子貢問曰, "賜也何如?" 子曰,
"女, 器也."

曰, "何器也?"

曰, "瑚璉也."

자공문왈 사야하여 자왈
여 기야

왈 하기야

왈 호련야

5

或曰, "雍也仁而不佞."

子曰, "焉用佞? 禦人以口給, 屢憎於人.
不知其仁, 焉用佞?"

혹왈 옹야인이부녕

자왈 언용녕 어인이구급 누증어인
부지기인 언용녕

1

공자께서 공야장을 두고 "사윗감이다. 비록 옥중에 갇혀있지만, 그의 죄가 아니다"라고 하시고는 딸을 시집보내셨다.

2

공자께서 남용을 보고 "나라에 도가 있으면 면직되지 않을 것이고 나라에 도가 없다면 형벌을 받거나 사형당하지는 않을 것이다"라고 하시고는 형의 딸을 시집보내셨다.

3

공자께서 자천을 평가하셨다. "이 사람은 진정 군자이구나! 노나라에 군자가 없었다면 이 사람은 무엇을 보고 배웠겠는가!"

4

자공이 여쭈었다. "저는 어떻습니까?"
공자께서 말씀하셨다. "너는 그릇 같다."
"어떤 그릇입니까?"
"제사때 쓰는 호련같다."

5

어떤 이가 말했다. "옹(중궁의 이름)은 참된 이 같으나 말재주가 없습니다."
공자께서 말씀하셨다. "말재주를 어디에 쓰느냐? 다른 사람의 입

6

子使漆彫開仕. 對曰, "吾斯之未能信."　　자사칠조개사 대왈 오사지미능신
子說.　　자열

7

子曰, "道不行, 乘桴浮于海.　　자왈 도불행 승부부우해
從我者其由與?" 子路聞之喜.　　종아자기유여 자로문지희
子曰, "由也好勇過我, 無所取材."　　자왈 유야호용과아 무소취재

8

孟武伯問子路仁乎?　　맹무백문자로인호
子曰, "不知也." 又問.　　자왈 부지야 우문
子曰, "由也, 千乘之國, 可使治其賦也,　　자왈 유야 천승지국 가사치기부야
不知其仁也."　　부지기인야
"求也何如?"　　구야하여
子曰, "求也, 千室之邑, 百乘之家,　　자왈 구야 천실지읍 백승지가
可使爲之宰也, 不知其仁也."　　가사위지재야 부지기인야

을 막아 자주 미움을 받을 뿐이지 않으냐? 그가 참된 인물인지
모르겠지만 말재주를 어디에 쓰겠느냐!"

6

공자께서 칠조개를 벼슬길로 나가게 하셨다. 칠조개가 사양하며
말했다. "저는 아직 자신이 없습니다." 공자께서 기뻐하셨다.

7

공자께서 말씀하셨다. "인간의 도가 땅에 떨어지면 나는 뗏목을
타고 바다를 떠돌 것이다. 그때 나와 함께 할 사람은 아마 유일
것이다."
자로는 이 말을 듣고 기분이 좋았다.
공자께서 말씀하셨다. "유는 나보다도 용기를 좋아하나 사리를
잘 헤아리지 못한다."

8

맹무백이 자로가 어느 수준인지 물었다.
공자께서 말씀하셨다. "모르겠습니다."
재차 묻자 공자께서 "전차 1천 대를 보유한 나라에서 재정을 맡
을 수는 있습니다만 그가 인간으로서 최고의 경지에 올랐는지는
모르겠습니다."
"구(염유의 이름)는 어떻습니까?"
"구는 1천 고을 정도 혹은 전차 100대를 보유한 나라에서 재상을

"赤也何如?" 　　　　　　　　　　　적야하여

子曰, "赤也, 束帶立於朝, 　　　　　자왈 적야 속대입어조

可使與賓客言也, 不知其仁也." 　　가사여빈객언야 부지기인야

9

子謂子貢曰, "女與回也孰愈? 　　　자위자공왈 여여회야수유

對曰, "賜也何敢望回? 回也聞一以知十, 　대왈 사야하감망회 회야문일이지십

賜也聞一以知二." 　　　　　　　　사야문일이지이

子曰, "弗如也, 吾與女弗如也." 　　자왈 불여야 오여여불여야

10

宰予晝寢. 子曰, "朽木不可雕也, 　　재여주침 자왈 후목불가조야

糞土之牆不可杇也, 於予與何誅?" 　분토지장불가오야 어여여하주

子曰, "始吾於人也, 聽其言而信其行, 　자왈 시오어인야 청기언이신기행

今吾於人也, 聽其言而觀其行. 　　금오어인야 청기언이관기행

於予與改是." 　　　　　　　　　　어여여개시

말을 정도는 됩니다만, 인간으로서 최고의 경지에 올랐는지는 모르겠습니다."

"적(자화의 이름)은 어떤 인물입니까?"

"적은 관복을 입고 조정에서 빈객을 접대할 수준이 되지만 인간으로서 최고의 경지에 올랐는지는 모르겠습니다."

9

공자께서 자공에게 물으셨다. "너와 회(안회) 중 누가 더 낫느냐?"

자공이 대답했다. "저는 안회를 바라볼 엄두도 나지 않습니다. 회는 하나를 들으면 열을 알지만 저는 하나를 들으면 둘 밖에 모릅니다."

공자께서 말씀하셨다. "그런 것 같구나! 너와 나는 모두 그보다 못하다."

10

재여가 낮잠을 잤다. 공자께서 화가 나셨다.

"썩은 나무로 조각할 수 없고, 거름으로 담장을 손질할 수 없다. 내가 재여에게 무엇을 꾸짖겠는가?"

조금 지나 공자께서 다시 말씀하셨다. "옛날에 나는 그 사람의 말을 듣고 그 사람이 그렇게 행동할 것이라 믿었다. 지금은 그 사람의 말을 듣고 어떻게 행동하는지 지켜본다. 재여 때문에 이렇게 바뀌었다."

11

子曰, "吾未見剛者."　　　　　　　　자왈 오미견강자

或對曰, "申棖."　　　　　　　　　　혹대왈 신정

子曰, "棖也慾, 焉得剛?"　　　　　자왈 정야욕 언득강

12

子貢曰, "我不欲人之加諸我也,　　자공왈 아불욕인지가저아야

吾亦欲無加諸人."　　　　　　　　오역욕무가저인

子曰, "賜也, 非爾所及也."　　　　자왈 사야 비이소급야

13

子貢曰, "夫子之文章, 可得而聞也,　자공왈 부자지문장 가득이문야

夫子之言性與天道, 不可得而聞也."　부자지언성여천도 불가득이문야

14

子路有聞, 未之能行, 唯恐有聞.　　자로유문 미지능행 유공유문

15

子貢問曰, "孔文子何以謂之文也?"　자공문왈 공문자하이위지문야

子曰, "敏而好學, 不恥下問,　　　자왈 민이호학 불치하문

11

공자께서 말씀하셨다. "나는 진정 강한 자를 보지 못했다."

어떤 사람이 대답했다. "신정이 있지 않습니까?"

공자께서 말씀하셨다. "정은 욕심만 많을 뿐이지 어찌 강하다 할 수 있겠는가?"

12

자공이 말했다. "저는 다른 사람이 저에게 하지 말았으면 하는 행동을 다른 사람에게 그렇게 행동하지 않으려고 합니다."

공자께서 말씀하셨다. "사야! 그것은 네가 미칠 수 있는 경지가 아니다."

13

자공이 말했다. "선생님께서 문장에 관해서 말씀하신 적은 있으시나, (인간의) 본성이나 천도에 관해서 거의 말씀하시지 않으셨다."

14

자로는 좋은 말을 듣고, 미처 실천하지 못했는데, 다시 좋은 말을 듣게 될까 걱정했다.

15

자공이 여쭈었다. "공문자는 어떻게 시호를 '문'이라고 받았습니까?"

공자께서 말씀하셨다. "행동을 민첩하게 하면서 배움을 좋아하

是以謂之文也." 시이위지문야

16

子謂子産, "有君子之道四焉, 자위자산 유군자지도사언
其行己也恭, 其事上也敬, 기행기야공 기사상야경
其養民也惠, 其使民也義." 기양민야혜 기사민야의

17

子曰, "晏平仲善與人交, 久而敬之." 자왈 안평중선여인교 구이경지

18

子曰, "臧文仲居蔡, 山節藻梲, 자왈 장문중거채 산절조절
何如其知也?" 하여기지야

19

子張問曰, "令尹子文三仕爲令尹, 자장문왈 영윤자문삼사위영윤
無喜色, 三已之, 無慍色. 무희색 삼이지 무온색
舊令尹之政, 必以告新令尹. 何如?" 구영윤지정 필이고신영윤 하여
子曰, "忠矣." 曰, "仁矣乎?" 曰, 자왈 충의 왈 인의호 왈

셨고 아래 사람에게 묻는 것도 부끄러워하지 않으셨다. 그래서 (최고) 시호인 '문'을 받으신 것이다."

16

공자께서 자산을 두고 평가하셨다. "그에게는 뛰어난 점이 4가지 있다. 평소 몸가짐이 공손했고 윗사람을 공경했으며, 백성에게 혜택을 베풀었으며 백성을 부릴 때 합리적 기준을 따랐다."

17

공자께서 말씀하셨다. "안평중은 사람과 잘 사귄다. 사이가 오래되어도 서로 공경한다."

18

공자께서 말씀하셨다. "장문중은 (군주만이 점칠 때 사용하는) 큰 거북 껍질을 작은 집에 넣어 보관하면서 기둥에다 산 모양을 새겨 넣고 들보에다 마름풀을 조각해 넣었다. 이런 짓을 하는데 어떻게 지혜롭다 할 수 있을까?"

19

자장이 여쭈었다. "영윤(총리에 해당함) 자문은 세 번 영윤이 되고도 좋아하지 않았고, 세 번 그 자리에서 물러나도 화를 내지 않았다. 자기가 맡았던 임무를 새 영윤에게 반드시 인수인계했다고 합니다. 어떤 인물입니까?"

"未知, 焉得仁?" 　　　　　　미지 언득인

"崔子弑齊君, 陳文子有馬十乘, 　최자시제군 진문자유마십승

棄而違之. 　　　　　　　　　　기이위지

至於他邦, 則曰, '猶吾大夫崔子也.' 지어타방 즉왈 유오대부최자야

違之. 　　　　　　　　　　　　위지

之一邦, 則又曰, '猶吾大夫崔子也.' 지일방 즉우왈 유오대부최자야

違之. 　　　　　　　　　　　　위지

何如?" 子曰, "淸矣." 　　　　　하여 자왈 청의

曰, "仁矣乎?" 曰, "未知, 焉得仁?" 왈 인의호 왈 미지 언득인

20

季文子三思而後行. 　　　　　계문자삼사이후행

子聞之曰, "再, 斯可矣." 　　　자문지왈 재 사가의

21

子曰, "甯武子, 邦有道則知, 　　자왈 영무자 방유도즉지

邦無道則愚. 　　　　　　　　　방무도즉우

其知可及也, 其愚不可及也." 　기지가급야 기우불가급야

공자께서 말씀하셨다. "진실하다!"

"그럼 인간으로서 최고 경계에 올랐다 할 수 있습니까?"

"모르겠다. 어찌 그 경계에 올랐겠는가?"

자장이 다시 여쭈었다. "제나라 최자가 자기 군주를 시해하자, 진문자는 말 40여 필을 모두 포기하고 나라를 떠났습니다. 다른 나라에 가서는 '여기도 우리나라 최자 같은 인물이 있구나!' 하고 또 다른 나라로 갔습니다. 그 나라에 가서도 '여기도 우리나라 최자 같은 인물이 있구나!' 하고 또 다른 나라로 갔습니다. 어떻습니까?"

공자께서 말씀하셨다. "맑다".

"인간으로서 최고 경지인 인을 체득한 것입니까?"

"모르겠다. 어찌 그 경지에 들어섰겠느냐?"

20

계문자는 세 번 생각하고서 행동했다.

공자께서 이를 들으시고 "두 번이면 충분하다"라고 평가하셨다.

21

공자께서 말씀하셨다. "영무자는 나라에 도가 있으면 지혜가 빛나고, 나라에 도가 없으면 어리석은 체한다. 그 지혜를 따라 할 수 있으련만, 그 어리석음은 아무나 따라 할 수 있는 것이 아니다."

22

子在陳, 曰, "歸與! 歸與!　　　　자재진 왈 귀여 귀여
吾黨之小子狂簡,　　　　　　　오당지소자광간
斐然成章, 不知所以裁之."　　　비연성장 부지소이재지

23

子曰, "伯夷叔齊不念舊惡, 怨是用希."　자왈 백이숙제불념구악 원시용희

24

子曰, "孰謂微生高直? 或乞醯焉,　자왈 숙위미생고직 혹걸혜언
乞諸其鄰而與之."　　　　　　　걸지기린이여지

25

子曰, "巧言令色足恭, 左丘明恥之,　자왈 교언영색주공 좌구명치지
丘亦恥之. 匿怨而友其人,　　　　구역치지 익원이우기인
左丘明恥之, 丘亦恥之."　　　　좌구명치지 구역치지

26

顏淵季路侍. 子曰, "盍各言爾志?"　안연계로시 자왈 합각언이지

22

공자께서 진나라에 머무시다 갑자기 말씀하셨다. "(고향으로) 돌아가야겠다. 돌아가야겠구나! 고향에 두고 온 어린 제자들이 뜻만 크고 밖으로 꾸밀 줄만 알았지 아직 다듬을 줄 모르는구나!"

23

공자께서 말씀하셨다. "백이와 숙제께서는 상대방이 옛날에 잘못한 것을 마음에 담지 않으셨다. 그래서 원성을 거의 사지 않으셨다."

24

공자께서 말씀하셨다. "누가 미생고를 정직하다 평가했는가? 어떤 사람이 식초를 빌리러 오자 (제 집에 없자) 이웃에서 빌려다 주었는데도 말이다."

25

공자께서 말씀하셨다. "말만 번지르르하게 하고 겉치장만 꾸미는 것을 좌구명도 부끄러워했는데 나 역시 이를 부끄러워한다. 원망하면서도 친구를 사귀는 것을 좌구명도 부끄러워했고 나도 부끄러워한다."

26

안연과 계로(자로)가 공자를 모시고 있었다.

子路曰, "願車馬衣輕裘, 與朋友共,　　자로왈 원거마의경구 여붕우공
敝之而無憾."　　폐지이무감
顏淵曰, "願無伐善, 無施勞."　　안연왈 원무벌선 무시로
子路曰, "願聞子之志."　　자로왈 원문자지지
子曰, "老者安之, 朋友信之, 少者懷之."　　자왈 노자안지 붕우신지 소자회지

27

子曰, "已矣乎,　　자왈 이의호
吾未見能見其過而內自訟者也."　　오미견능견기과이내자송자야

28

子曰, "十室之邑, 必有忠信如丘者焉,　　자왈 십실지읍 필유충신여구자언
不如丘之好學也."　　불여구지호학야

공자께서 말씀하셨다. "너희들이 품은 뜻을 말해보려무나?"

자로가 대답했다. "수레와 갖옷을 친구와 같이 쓰는데, 망가지거나 해져도 섭섭해 하지 않는 인물이 되고 싶습니다."

안연이 대답했다. "제가 잘한 것은 자랑하지 않고, 다른 사람에게 베푸는 것을 힘들게 여기지 않는 사람이고 싶습니다."

자로가 말했다. "저희들은 선생님의 포부를 듣고 싶습니다."

공자께서 말씀하셨다. "어른을 법도대로 편안히 모시고, 친구에게 믿음을 주고 싶고, 어린아이는 가만히 안아 주고 싶다."

27

공자께서 말씀하셨다. "희망이 없다. 실수하고서도 깊이 반성하는 사람을 거의 볼 수가 없다."

28

공자께서 말씀하셨다. "열 가구 정도의 아주 작은 마을에도 나처럼 진실하고 신실한 사람은 있을 것이다. 하지만 나만큼 배움 그 자체를 좋아하는 사람은 어디에서든 거의 볼 수 없다."

雍也第六

1

子曰, "雍也可使南面."
자왈 옹야가사남면

2

仲弓問子桑伯子. 子曰, "可也簡."
중궁문자상백자 자왈 가야간

仲弓曰, "居敬而行簡, 以臨其民,
중궁왈 거경이행간 이임기민

不亦可乎?
불역가호

居簡而行簡, 無乃大簡乎?"
거간이행간 무내태간호

子曰, "雍之言然."
자왈 옹지언연

3

哀公問, "弟子孰爲好學?"
애공문 제자숙위호학

孔子對曰, "有顏回者好學,
공자대왈 유안회자호학

不遷怒, 不貳過.
불천노 불이과

不幸短命死矣, 今也則亡,
불행단명사의 금야즉무

未聞好學者也."
미문호학자야

4

子華使於齊, 冉子爲其母請粟.
자화시어제 염자위기모청속

子曰, "與之釜." 請益. 曰, "與之庾."
자왈 여지부 청익 왈 여지유

1

공자께서 말씀하셨다. "옹이라면 임금 자리에 앉을 만하다."

2

중궁이 자상백자에 관해서 여쭈었다.

공자께서 말씀하셨다. "괜찮은 인물이다. 소탈하고 군더더기가 없지!"

중궁이 다시 여쭈었다. "엄숙하면서 소탈하게 백성을 대한다면 뛰어나다고 평가할 수 있지만, 마음도 소탈하고 행동도 소탈하다면 지나치게 소탈한 것이 아닙니까?"

공자께서 말씀하셨다. "네 말이 옳다."

3

애공이 물었다. "제자 중에 누가 진정 배움을 좋아합니까?"

공자께서 대답하셨다. "안회가 진정 공부를 즐겼습니다. 화가 나더라도 다른 사람에게 화풀이하지 않았고 같은 실수를 되풀이하지 않았습니다. 불행하게 일찍 죽어서 지금 이 자리에는 없습니다. 그 후 배움 그 자체를 좋아한다는 사람이 있는지 모르겠습니다."

4

자화가 제나라로 사신을 가게 되었다. 염유가 자화 모친을 위해 공자께 곡식을 내려달라고 했다.

冉子與之粟五秉.
子曰, "赤之適齊也, 乘肥馬, 衣輕裘.
吾聞之也, 君子周急不繼富."

염자여지속오병
자왈 적지적제야 승비마 의경구
오문지야 군자주급불계부

5

原思爲之宰, 與之粟九百, 辭. 子曰,
"毋! 以與爾鄰里鄉黨乎!"

원사위지재 여지속구백 사 자왈
무 이여이린리향당호

6

子謂仲弓曰, "犁牛之子, 騂且角,
雖欲勿用, 山川其舍諸?"

자위중궁왈 이우지자 성차각
수욕물용 산천기사저

7

子曰, "回也, 其心三月不違仁,

자왈 회야 기심삼월불위인

공자께서 말씀하셨다. "여섯 말을 주려무나!" 염유는 더 내려 달라고 했다.

공자께서 말씀하셨다. "열여섯 말이면 되지 않겠냐?"

염유가 (제 마음대로) 자화 모친에게 여든 말을 갖다주었다.

공자께서 말씀하셨다. "적이 제나라로 갈 때 보니 화려한 갖옷을 입고 살찐 말을 타고 가더라. 나는 '어떤 단체의 책임자는 가난한 사람을 도와야지 부자를 더 부자로 만들어 주어서는 안된다'고 배웠다."

5

원사가 한 고을의 책임자가 되었다. 공자께서 쌀 구백 말을 내려 주셨다. 원사가 사양했다.

공자께서 말씀하셨다. "사양하지 마라! 남으면 네 이웃과 나눠 먹어라."

6

공자께서 중궁을 두고 이렇게 말씀하셨다. "아비 소는 비록 잡무늬가 많지만, 송아지는 털이 붉고 뿔이 곧게 났다면 (아버지가 행실이 나쁘지만, 자식이 올바르다면) 사람들은 희생으로 쓰지 않으려고 하겠지만 산과 강의 신이 송아지를 버려두겠는가?"

7

공자께서 말씀하셨다. "회는 석 달이 지나도 진정 사람다운 길에

其餘則日月至焉而已矣." 기여즉일월지언이이의

8

季康子問, "仲由可使從政也與?" 계강자문 중유가사종정야여

子曰, "由也果, 於從政乎何有?" 자왈 유야과 어종정호하유

曰, "賜也可使從政也與?" 왈 사야가사종정야여

曰, "賜也達, 於從政乎何有?" 왈 사야달 어종정호하유

曰, "求也可使從政也與?" 왈 구야가사종정야여

曰, "求也藝, 於從政乎何有?" 왈 구야예 어종정호하유

9

季氏使閔子騫爲費宰. 계씨사민자건위비재

閔子騫曰, "善爲我辭焉! 如有復我者, 민자건왈 선위아사언 여유부아자

則吾必在汶上矣." 즉오필재문상의

10

伯牛有疾, 子問之, 自牖執其手, 백우유질 자문지 자유집기수

曰, "亡之, 命矣夫! 斯人也而有斯疾也! 왈 무지 명의부 사인야이유사질야

斯人也而有斯疾也!" 사인야이유사질야

서 벗어나지 않았는데, 다른 이들은 하루나 한 달 정도 갈까 말까 한다."

8

계강자가 물었다. "중유(자로)에게 정치를 맡길 만합니까?"

공자께서 대답하셨다. "유는 과단성이 있으니 정치를 맡는 데 별 어려움이 없습니다."

"사에게 정치를 맡겨도 되겠습니까?"

"사는 여러 분야에서 뛰어납니다. 정치를 맡기면 잘 해낼 것입니다."

"구(염유)는 어떻습니까?"

"구는 재주가 많습니다. 어렵지 않게 잘 처리할 것입니다."

9

계씨가 민자건을 비읍의 책임자로 임명하면서 사람을 보냈다.

민자건이 말했다. "나를 위해 잘 말씀해주십시오. 한 번 더 저를 찾아오면 저는 문강으로 숨어 버릴 것입니다."

10

백우가 몹쓸 병에 걸렸다. 공자께서 병문안을 가셨다.

"이런 일이 없어야 하는데……. 운명이구나! 이렇게 착한 사람이 이런 병에 걸리다니! 이렇게 착한 사람이 이런 병에 걸리다니!"

11

子曰, "賢哉, 回也! 一簞食, 一瓢飲,
在陋巷, 人不堪其憂,
回也不改其樂. 賢哉, 回也!"

자왈 현재 회야 일단사 일표음
재부항 인불감기우
회야불개기락 현재 회야

12

冉求曰, "非不說子之道, 力不足也."
子曰, "力不足者, 中道而廢. 今女畫."

염구왈 비불열자지도 역부족야
구왈 역부족자 중도이폐 금여획

13

子謂子夏曰, "女爲君子儒!
無爲小人儒!"

자위자하왈 여위군자유
무위소인유

14

子游爲武城宰. 子曰, "女得人焉耳乎?"
曰, "有澹臺滅明者, 行不由徑,
非公事, 未嘗至於偃之室也."

자유위무성재 자왈 여득인언이호
왈 유담대멸명자 행불유경
비공사 미상지어언지실야

11

공자께서 말씀하셨다. "훌륭하도다! 회는……. 거친 밥 한 그릇을 물에 말아 먹고 쓰러질 것 같은 집에서 잠을 잔다. 보통 사람이라면 그런 곤궁함을 못 견디는데 안회는 도리어 삶을 즐기는구나. 훌륭하도다! 회여!"

12

염구가 말했다. "선생님 말씀을 좋아하지 않은 것은 아니나 힘에 부칩니다."
공자께서 말씀하셨다. "진정 힘이 모자란다면 중도에서 포기한다. (너는 지금 힘이 모자라는 것이 아니라) 스스로 한계 짓는 것이다."

13

공자께서 자하에게 말씀하셨다. "너는 큰 학자가 되어야지, 자잘한 학자가 되지 말아라!"

14

자유가 무성의 책임자가 되었다.
공자께서 말씀하셨다. "너는 어떤 사람을 얻었느냐?"
"담대멸명이라는 사람이 있습니다. 지름길로 다니지 않고(잔꾀를 부리지 않고), 공적인 일이 아니면 저희 집에 온 적이 없었습니다."

15

子曰, "孟之反不伐, 奔而殿, 將入門,
策其馬曰, '非敢後也, 馬不進也.'"

자왈 맹지반불벌 분이전 장입문
책기마왈 비감후야 마부진야

16

子曰, "不有祝鮀之佞, 而有宋朝之美,
難乎免於今之世矣."

자왈 불유축타지녕 이유송조지미
난호면어금지세의

17

子曰, "誰能出不由戶? 何莫由斯道也?"

자왈 수능출불유호 하막유사도야

18

子曰, "質勝文則野, 文勝質則史.
文質彬彬, 然後君子."

자왈 질승문즉야 문승질즉사
문질빈빈 연후군자

19

子曰, "人之生也直, 罔之生也幸而免."

자왈 인지생야직 망지생야행이면

15

공자께서 말씀하셨다. "맹지반은 잘난 척을 하지 않는구나! 전투에서 패해 일부러 후미에 섰다가 제일 늦게 성문으로 들어왔고 말을 채찍질하면서 이렇게 말했다는군! '내가 뒤에 처지려고 의도하지 않았다. 말이 잘 달리지 못했을 뿐이다'."

16

공자께서 말씀하셨다. "축타처럼 말을 잘하거나 송조처럼 인물이 훤칠하지 않다면 요즘 같은 난세에 살아남기 어렵다."

17

공자께서 말씀하셨다. "누가 바른길을 거치지 않고 이 도에 들어설 수가 있겠는가?"

18

공자께서 말씀하셨다. "안(내용)이 반듯하다 해도 겉(형식)을 갖추지 않으면 촌스러워 보인다. 겉만 신경 쓰고 안을 채우지 않으면 부박하다. 겉과 안을 모두 신경 써 균형을 맞추어야 진정 멋진 인물이 된다."

19

공자께서 말씀하셨다. "사람이 날 때는 (성정이) 곧다. 그 성정이 삐뚤어져도 살아남은 것은 요행이다."

20

子曰, "知之者不如好之者,
好之者不如樂之者."

자왈 지지자불여호지자
호지자불여낙지자

21

子曰, "中人以上, 可以語上也,
中人以下, 不可以語上也."

자왈 중인이상 가이어상야
중인이하 불가이어상야

22

樊遲問知. 子曰, "務民之義,
敬鬼神而遠之, 可謂知矣."
問仁. 曰, "仁者先難而後獲, 可謂仁矣."

번지문지 자왈 무민지의
경귀신이원지 가위지의
문인 왈 인자선난이후획 가위인의

23

子曰, "知者樂水, 仁者樂山.
知者動, 仁者靜.
知者樂, 仁者壽."

자왈 지자요수 인자요산
지자동 인자정
지자락 인자수

20

공자께서 말씀하셨다. "단지 아는 것은 좋아하는 것만 못하고, 좋아하는 것은 즐기는 것만 못하다."

21

공자께서 말씀하셨다. "수준이 평균 이상이라야 고급 담론을 이야기해줄 수 있고, 그 이하라면 고급 담론을 이야기해서는 안 된다."

22

번지가 어떻게 하면 '슬기롭다'는 평가를 받을 수 있는지 공자께 여쭈었다.

공자께서 말씀하셨다. "백성이 마땅한 길을 갈 수 있도록 힘쓰고 귀신을 공경하되 숭배하지는 않으면 '슬기롭다' 평가할 수 있다." 또 인간의 길에 관해서 여쭈었다. "참된 사람은 어려운 일을 먼저 하고서 뒤에 결과를 바란다. 그러면 진정 '사람답다'고 평가할 수 있다."

23

공자께서 말씀하셨다.

"슬기로운 사람은 물을 좋아하고, 품격이 있는 사람은 산을 좋아한다. 슬기로운 사람은 활동적이고 품격이 있는 사람은 정적이다. 슬기로운 사람은 즐겁게 살고 품격 있는 사람은 장수한다."

24

子曰, "齊一變, 至於魯, 魯一變,
至於道."

자왈 제일변 지어노 노일변
지어도

25

子曰, "觚不觚, 觚哉! 觚哉!"

자왈 고불고 고재 고재

26

宰我問曰, "仁者, 雖告之曰, '井有仁焉.'
其從之也?" 子曰, "何爲其然也?
君子可逝也, 不可陷也, 可欺也,
不可罔也."

재아문왈 인자 수고지왈 정유인언
기종지야 자왈 하위기연야
군자가서야 불가함야 가기야
불가망야

27

子曰, "君子博學於文, 約之以禮,
亦可以弗畔矣夫!"

자왈 군자박학어문 약지이례
역가이불반의부

24

공자께서 말씀하셨다. "제나라가 한 번 변하면 (문화가) 노나라 수준까지 오르고, 노나라가 한 번 변하면 최상의 수준까지 올라간다."

25

공자께서 말씀하셨다. "고라는 술잔으로 마시면서 그 예법대로 하지 않으면, 술잔이 무슨 쓸모가 있겠는가! 술잔이 무슨 쓸모가 있겠는가?"

26

재아가 여쭈었다. "경지에 오른 사람에게 '어떤 사람이 우물에 빠졌습니다'라고 하면서 그 사람을 우물로 유인하여 빠트릴 수 있습니까?"
공자께서 말씀하셨다. "어찌 그럴 수 있겠느냐! 인격이 높은 사람이라면 급히 우물로 달려가기는 하겠지만 함정에 빠지지는 않는다. 사리에 맞는 말은 따르겠지만, 터무니없는 말로 속일 수는 없다."

27

공자께서 말씀하셨다. "군자는 널리 배우고 예를 기준으로 몸가짐을 간소하게 한다. 그래서 크게 어긋나지 않는다."

28

子見南子, 子路不說. 夫子矢之曰, 　　자견남자 자로불열 부자시지왈
"予所否者, 天厭之! 天厭之!"　　여소부자 천염지 천염지

29

子曰, "中庸之爲德也, 其至矣乎!　　자왈 중용지위덕야 기지의호
民鮮久矣."　　민선구의

30

子貢曰, "如有博施於民而能濟衆,　　자공왈 여유박시어민이능제중
何如? 可謂仁乎?"　　하여 가위인호
子曰, "何事於仁! 必也聖乎!　　자왈 하사어인 필야성호
堯舜其猶病諸!　　요순기유병저
夫仁者, 己欲立而立人,　　부인자 기욕립이립인
己欲達而達人. 能近取譬,　　기욕달이달인 능근취비
可謂仁之方也已."　　가위인지방야이

공자께서 남자(위나라 영공의 부인, 자로의 처형)를 만나자 자로가 좋아하지 않았다. 선생님께서 맹세하셨다. "내가 만약 부정한 짓을 했다면 천벌을 받을 것이다. 천벌을 받을 것이다!"

공자께서 말씀하셨다. "중용이라는 덕은 진정 위대하구나.
이를 실천한 백성이 아주 오랫동안 나오지 않는구나!"

자공이 말했다. "만약 백성에 두루 혜택을 베풀면서 어려운 처지에 있는 여러 사람을 구한다면 어떻습니까? 인간으로서 최고 경계에 올랐다고 평가할 수 있습니까?"
공자께서 말씀하셨다. "최고 경계뿐이겠는가! 그 일을 할 수 있다면 하느님에 가까운 완벽한 인간이라고 할 수 있다. 요임금, 순임금도 이 경지에 다다르지 못해 늘 마음 아파하셨다. 이 아래 단계가 자기가 하고 싶다면 다른 사람도 그렇게 하게 도와주고, 자신이 오르고 싶다면 다른 사람도 그렇게 해주는 사람이다. 이를 가까운 곳부터 실천을 해야 한다. 이것이 인간의 길로 가는 첩경이다."

述而第七

1

子曰, "述而不作, 信而好古,
竊比於我老彭."

자왈 술이부작 신이호고
절비어아노팽

2

子曰, "默而識之, 學而不厭,
誨人不倦, 何有於我哉?"

자왈 묵이지지 학이불염
회인불권 하유어아재

3

子曰, "德之不脩, 學之不講,
聞義不能徙, 不善不能改, 是吾憂也."

자왈 덕지불수 학지불강
문의불능사 불선불능개 시오우야

4

子之燕居, 申申如也, 夭夭如也.

자지연거 신신여야 요요여야

5

子曰, "甚矣吾衰也!
久矣吾不復夢見周公!"

자왈 심의오쇠야
구의오불부몽견주공

1

공자께서 말씀하셨다. "옛것을 잇기만 하고 새로 짓지는 않으며, 옛것을 믿고 따르기만 할 것이다. 나도 노팽 같은 인물이 될 수 있으면 좋으련만……."

2

공자께서 말씀하셨다. "배운 것을 묵묵히 암송하면서 배우는 것을 싫증 내지 않고 다른 사람을 가르치는 것을 게을리하지 않는 것, 이중 무엇이 나에게 있으리오!"

3

공자께서 말씀하셨다. "인격을 수양하지 못할까, 배운 것을 내 것으로 만들지 못할까, 바른길을 듣고도 실천하지 못할까, 부족한 부분을 잘 고쳐나가지 못할까 나는 늘 (하늘이 무너질 듯) 걱정한다."

4

공자께서 쉬고 계실 때는 (진정) 편안하고 느긋하셨다.

5

공자께서 말씀하셨다. "내가 정말 늙었구나! 오랫동안 꿈에서 주공을 뵐 수 없으니!"

6

子曰, "志於道, 據於德, 依於仁,
遊於藝."

자왈 지어도 거어덕 의어인
유어예

7

子曰, "自行束脩以上, 吾未嘗無誨焉."

자왈 자행속수이상 오미상무회언

8

子曰, "不憤不啓, 不悱不發. 擧一隅,
不以三隅反, 則不復也."

자왈 불분불계 불비불발 거일우
불이삼우반 즉불부야

9

子食於有喪者之側, 未嘗飽也.

자식어유상자지측 미상포야

10

子於是日哭, 則不歌.

자어시일곡 즉불가

6

공자께서 말씀하셨다. "하늘의 뜻을 따르기를 각오하고, 내게 주어진 덕성에 따라, 인간이 가야 할 길을 걸으며, 선현이 이룩하신 문화를 깊이 공부하고자 한다."

7

공자께서 말씀하셨다. "아주 작은 성의만 표하더라도 나는 가르쳐주지 않은 적이 없다."

8

공자께서 말씀하셨다. "(모르거나 잘하지 못하는 것을) 몹시 분해하지 않으면 길을 터 주지 않고, 알려고 끙끙 애쓰지 않으면 열어 주지 않는다. 사각형 한 각을 가르쳐 주었는데 나머지 세 각을 유추하지 못하면 다시 반복하지 않는다."

9

공자께서는 상례를 당한 사람 곁에서 식사하실 적에는 배부르게 드신 적이 없으셨다.

10

공자께서 이날에는 곡은 하셨지만, 노래는 부르지 않으셨다.

11

子謂顏淵曰, "用之則行, 舍之則藏,
唯我與爾有是夫!"
子路曰, "子行三軍, 則誰與?"
子曰, "暴虎馮河, 死而無悔者,
吾不與也. 必也臨事而懼,
好謀而成者也."

자위안연왈 용지즉행 사지즉장
유아여이유시부
자로왈 자행삼군 즉수여
자왈 포호빙하 사이무회자
오불여야 필야임사이구
호모이성자야

12

子曰, "富而可求也, 雖執鞭之士,
吾亦爲之. 如不可求, 從吾所好."

자왈 부이가구야 수집편지사
오역위지 여불가구 종오소호

13

子之所愼, 齊, 戰, 疾.

자지소신 재 전 질

14

子在齊聞韶, 三月不知肉味, 曰,
"不圖爲樂之至於斯也."

자재제문소 삼월부지육미 왈
부도위악지지어사야

11

공자께서 안연을 두고 말씀하셨다. "등용되면 품은 뜻을 펼치고, 물러나면 조용히 실력을 기른다. 이렇게 할 수 있는 사람은 너와 나밖에 없다."

곁에서 듣던 자로가 샘이 났다. "선생님께서 만약 삼군을 지휘하신다면 누구를 참모로 쓰시겠습니까?"

공자께서 말씀하셨다. "맨손으로 호랑이와 맞서고 뗏목만으로 바다를 건너려는 무모한 짓을 하면서 목숨을 잃어도 후회하지 않는 자와 함께 하고 싶지 않다. 일이 생기면 아주 조심조심하고 여러 대책을 마련하면서 성과를 내는 사람과 반드시 함께 할 것이다."

12

공자께서 말씀하셨다. "부자가 될 수 있다면 마부라도 될 것이다. 만약 부자가 될 수 없다면 내가 하고 싶은 공부를 하겠다."

13

공자께서 몹시 신중하게 처리하신 것은 '재계, 전쟁, 전염병'이었다.

14

공자께서 제나라에 머무실 때 순임금의 음악인 소를 들으시고 3개월 동안 고기 맛을 잃으셨다. "음악이 이 경지까지 오를 줄 (꿈에도) 생각질 못했다."

15

冉有曰, "夫子爲衛君乎?"
子貢曰, "諾, 吾將問之." 入曰,
"伯夷叔齊何人也?"
曰, "古之賢人也." 曰, "怨乎?"
曰, "求仁而得仁, 又何怨? 出曰,
"夫子不爲也.""

염유왈 부자위위군호
자공왈 낙 오장문지 입왈
백이숙제하인야
왈 고지현인야 왈 원호
왈 구인이득인 우하원 출왈
부자불위야

16

子曰, "飯疏食飮水, 曲肱而枕之,
樂亦在其中矣.
不義而富且貴, 於我如浮雲."

자왈 반소사음수 곡굉이침지
낙역재기중의
불의이부차귀 어아여부운

17

子曰, "加我數年, 五十以學易,
可以無大過矣."

자왈 가아수년 오십이학역
가이무대과의

15

염유가 물었다. "선생님께서 위나라 군주를 도우실 것 같습니까?"

자공이 말했다. "알았다. 선생님께 내가 여쭤보겠다."

자공이 공자 처소로 들어가 (뜬금없이) 물었다. "백이, 숙제는 어떤 인물입니까?"

공자께서 말씀하셨다. "옛날 현인이시다."

"그럼 (불우한 죽음에) 하늘을 원망하셨습니까?"

"인간다운 길을 가시려고 했고 그 뜻을 이루셨다. 무슨 원한이 맺히겠는가!"

자공이 밖으로 나와서 말했다. "선생님께서 위나라 군주를 돕지 않는다."

16

공자께서 말씀하셨다. "물 한 잔에 거친 밥을 먹고 팔베개하고 누우면 (인생의) 즐거움이란 바로 이런 것이 아닌가? 불의하게 얻은 부와 귀는 나에게 뜬구름처럼 무의미한 것이다."

17

공자께서 말씀하셨다. "내가 몇 년만 더 살 수 있어, 주역을 더 깊이 공부할 수 있다면 큰 허물 없이 세상을 마칠 수 있을 텐데……."

18

子所雅言, 詩 書 執禮, 皆雅言也.

자소아언 시 서 집례 개아언야

19

葉公問孔子於子路, 子路不對.
子曰, "女奚不曰, 其爲人也, 發憤忘食,
樂以忘憂, 不知老之將至云爾."

섭공문공자어자로 자로부대
자왈 여해불왈 기위인야 발분망식
낙이망우 부지로지장지운이

20

子曰, "我非生而知之者,
好古敏以求之者也."

자왈 아비생이지지자
호고민이구지자야

21

子不語怪力亂神.

자불어괴력난신

22

子曰, "三人行, 必有我師焉,
擇其善者而從之, 其不善者而改之."

자왈 삼인행 필유아사언
택기선자이종지 기불선자이개지

18

공자께서 평소에 '시, 서, 예'에 관해서 자주 말씀하셨다.

19

섭공이 자로에게 공자에 관해서 물었다. 자로가 우물쭈물 대답하지 못했다.

공자께서 말씀하셨다. "너는 왜 이렇게 말하지 않았느냐? '우리 선생님은 밥 먹는 것도 잊으신 채 열심히 공부하시고, 공부하는 즐거움에 세상 근심을 잊으시고 늙어 가는 줄도 모르는 분입니다.'"

20

공자께서 말씀하셨다. "나는 태어나면서부터 똑똑한 사람이 아니다. 옛것을 좋아하면서 열심히 배우려 할 뿐이다."

21

공자께서는 (상식을 벗어난) 괴이한 것, 이적, 미심쩍은 것, 미신은 입에 담으시지 않으셨다.

22

공자께서 말씀하셨다. "세 사람만 같이 길을 가도 그 안에 반드시 배울 것이 있다. 잘하는 사람이 있다면 따라 하고, 못하는 사람이 있다면 내가 그렇지 않은지 돌이켜보며 고친다."

23

子曰, "天生德於予, 桓魋其如予何?"　　　자왈 천생덕어여 환퇴기여여하

24

子曰, "二三子以我爲隱乎? 吾無隱乎爾.　　자왈 이삼자이아위은호 오무은호이
吾無行而不與二三子者, 是丘也."　　　　오무행이불여이삼자자 시구야

25

子以四敎, 文, 行, 忠, 信.　　　　　　　　자이사교 문 행 충 신

26

子曰, "聖人, 吾不得而見之矣,　　　　　　자왈 성인 오부득이견지의
得見君子者, 斯可矣."　　　　　　　　　　득견군자자 사가의
子曰, "善人, 吾不得而見之矣,　　　　　　자왈 선인 오부득이견지의
得見有恆者, 斯可矣.　　　　　　　　　　　득견유항자 사가의
亡而爲有, 虛而爲盈, 約而爲泰,　　　　　무이위유 허이위영 약이위태
難乎有恆矣."　　　　　　　　　　　　　　난호유항의

23

공자께서 말씀하셨다. "하늘이 나에게 이런 인격을 내려 주셨는데, 환퇴가 날 해칠 수는 있겠지만, 이 인격만은 어쩌지 못할 것이다."

24

공자께서 말씀하셨다. "너희들은 내가 무언가 숨기고 있다고 생각하는가? 나는 숨기는 것이 없다. 너희들과 함께 실천하지 않는 것이 없다. 이게 나의 참모습이다."

25

공자께서 옛 글(말씀), 덕행, 진실한 것, 말의 신뢰에 관해서 가르치셨다.

26

공자께서 말씀하셨다. "완벽한 사람을 만날 수 없다면, 도덕적으로 훌륭한 사람을 만나기만 해도 좋겠다."

공자께서 말씀하셨다. "아주 뛰어난 사람을 만날 수 없다면 떳떳한 사람이라도 만나고 싶다. 없으면서 있는 체하고, 텅 비어 있으면서 가득 찬 체하고, 약하면서 강한 척한다면 떳떳한 사람이 되기 어렵다."

27

子釣而不網, 弋不射宿.　　　　　　　자조이불망 익불사숙

28

子曰, "蓋有不知而作之者, 我無是也.　자왈 개유부지이작지자 아무시야
多聞, 擇其善者而從之, 多見而識之,　다문 택기선자이종지 다견이지지
知之次也."　　　　　　　　　　　　지지차야

29

互鄕難與言, 童子見, 門人惑.　　　　호향난여언 동자견 문인혹
子曰, "與其進也, 不與其退也, 唯何甚?　자왈 여기진야 불여기퇴야 유하심
人潔己以進, 與其潔也, 不保其往也."　인결기이진 여기결야 불보기왕야

30

子曰, "仁遠乎哉? 我欲仁, 斯仁至矣."　자왈 인원호재 아욕인 사인지의

31

陳司敗問昭公知禮乎, 孔子曰, "知禮."　진사패문소공지례호 공자왈 지례
孔子退, 揖巫馬期而進之,　　　　　　공자퇴 읍무마기이진지

27

공자께서는 낚시는 하셔도 그물로 물고기를 잡으시지 않으셨고, 주살로 새를 잡으시더라도 잠든 새를 겨냥하시지 않으셨다.

28

공자께서 말씀하셨다. "모르면서 새로 짓는 이들이 있는가 보다. 나는 그런 짓은 하지 않는다. 많이 듣고 좋은 것을 따라 하고 많이 보고 묵묵히 암송하는 것은 슬기로워지는 과정이다."

29

호향 사람들과는 고급 담론을 토론하기 어려웠다. 한 청년이 공자를 뵙고자 했다. 공자께서 만나자 제자들이 불만이 많았다. "어떤 사람이 나아진 점이 있다면 그 부분만 보지 지난날 잘못은 문제 삼지 않는다. 무엇이 잘못되었는가! 노력해서 성장했다면 그 점을 알아주어야지 지난 모습은 마음에 둘 필요가 없다."

30

공자께서 말씀하셨다. "진정 인간의 길을 걷고자 한다면, 내가 절실히 원해야만 닿을 수 있다."

31

진나라 사패(법무부 책임자)가 (노나라) 소공이 예를 아는지 물었다. 공자께서 말씀하셨다. "예를 잘 아십니다." 공자께서 물러나시자

曰, "吾聞君子不黨, 君子亦黨乎?
君取於吳爲同姓, 謂之吳孟子.
君而知禮, 孰不知禮?"
巫馬期以告. 子曰, "丘也幸,
苟有過, 人必知之."

왈 오문군자부당 군자역당호
군취어오위동성 위지오맹자
군이지례 숙부지례
무마기이고 자왈 구야행
구유과 인필지지

32

子與人歌而善, 必使反之, 而後和之.

자여인가이선 필사반지 이후화지

33

子曰, "文莫吾猶人也. 躬行君子,
則吾未之有得."

자왈 문막오유인야 궁행군자
즉오미지유득

34

子曰, "若聖與仁, 則吾豈敢?
抑爲之不厭, 誨人不倦,
則可謂云爾已矣."
公西華曰, "正唯弟子不能學也."

자왈 약성여인 즉오기감
억위지불염 회인불권
즉가위운이이의
공서화왈 정유제자불능학야

무마기한테 예를 갖추며 다가왔다. "군자는 편당 짓지 않는다고 들었습니다. 군자도 자기편만 듭니까? 소공께서 오나라 여자를 부인을 맞으셨는데, (오나라와 노나라는 조상이 같이 성이 모두 희씨) 동성인 것을 감추려고 (희맹자에서) 오맹자로 성을 바꾸었습니다. 소공께서 예를 안다고 하면 예를 모르는 사람이 어디 있겠습니까?"

무마기가 공자께 이 말을 전했다. "나는 행복한 사람이다. (내가 군주를 섬기는 처지에서 군주의 허물을 지적할 수 없어 비록) 실수를 했지만, 그것을 바로 잡아주는 사람이 있구나!"

32

공자께서 사람들과 같이 노래 부르시다 잘하는 사람이 있으면 꼭 다시 부르게 하시며 따라 부르셨다.

33

공자께서 말씀하셨다. "문자에 관해서라면 나도 남들만큼 한다. 예법과 도덕을 실천하는 것은 아직 한참 모자란다."

34

공자께서 말씀하셨다. "성인과 인자의 경지를 내가 감히 바랄 수나 있겠는가? 그저 배우기를 싫어하지 않고, 가르치는 것을 게을리하지 않을 뿐이다."

공서화가 말했다. "바로 그런 점을 저희는 따라가지 못하는 것입니다."

35

子疾病, 子路請禱.　　　　　　　자질병 자로청도

子曰, “有諸?” 子路對曰, “有之,　　자왈 유저 자로대왈 유지

誄曰, ‘禱爾于上下神祇.’”　　　　뇌왈 도이우상하신기

子曰, “丘之禱久矣.”　　　　　　　자왈 구지도구의

36

子曰, “奢則不孫, 儉則固.　　　　자왈 사즉불손 검즉고

與其不孫也, 寧固.”　　　　　　　여기불손야 영고

37

子曰, “君子坦蕩蕩, 小人長戚戚.”　자왈 군자탄탕탕 소인장척척

38

子溫而厲, 威而不猛, 恭而安.　　자온이려 위이불맹 공이안

35

공자께서 병환이 깊어지셨다. 자로가 하늘에 기도하자 청했다.

공자께서 말씀하셨다. "그런 일이 있던가?"

자로가 대답했다. "있습니다. 뢰문에 '너희는 천지신명께 기도하라'라는 기록이 있습니다."

공자께서 말씀하셨다. "그렇다면 내가 기도한 지 오래되었다."

36

공자께서 말씀하셨다. "사치하면서 불손한 이가 있는가 하면, 검소하면서 완고한 이가 있다. 불손한 것보다 완고한 것이 차라리 낫다."

37

공자께서 말씀하셨다. "군자는 늘 여유롭고 느긋하지만, 소인은 늘 걱정하며 쫓긴다."

38

공자께서는 온화하셨지만 반듯해 날카로워 보이셨고, 위엄이 서려 있지만 사납지는 않으셨다. 공손하시면서 법도에 맞춰 행동하셨다.

伯
泰
八
第

1

子曰, "泰伯, 其可謂至德也已矣.
三以天下讓, 民無得而稱焉."

자왈 태백 기가위지덕야이의
삼이천하양 민무득이칭언

2

子曰, "恭而無禮則勞, 愼而無禮則葸,
勇而無禮則亂, 直而無禮則絞
君子篤於親, 則民興於仁, 故舊不遺,
則民不偸."

자왈 공이무례즉노 신이무례즉사
용이무례즉란 직이무례즉교
군자독어친 즉민흥어인 고구불유
즉민불투

3

曾子有疾, 召門弟子曰, "啓予足!
啓予手! 詩云, '戰戰兢兢, 如臨深淵,
如履薄氷.' 而今而後, 吾知免夫!
小子!"

증자유질 소문제자왈 계여족
계여수 시운 전전긍긍 여림심연
여리박빙 이금이후 오지면부
소자

4

曾子有疾, 孟敬子問之.
曾子言曰, "鳥之將死, 其鳴也哀,
人之將死, 其言也善.

증자유질 맹경자문지
증자언왈 조지장사 기명야애
인지장사 기언야선

1

공자께서 말씀하셨다. "태백은 진실로 위대한 인물이시다! 천하를 세 번 (동생에게) 양보했는데도 (흔적을 남기지 않아) 백성들이 그 덕을 기릴 길이 없다."

2

공자께서 말씀하셨다. "(지나치게) 공손하면서 예를 모르면 고달프기만 하고, (지나치게) 조심하면서 예를 모르면 약해 보이며, 용기만 내세우고 예를 모르면 질서를 어지럽히고, 곧기만 하고 예를 모르면 사람에게 상처를 주게 된다. 리더가 가까이해야 할 사람을 잘 모시면 백성은 저절로 바른길로 들어선다. 리더가 옛 친구를 버리지 않는다면 민심도 두터워질 것이다."

3

증자가 위중하자 제자들을 불러 모았다. "이불을 걷고 내 손과 발을 보아라! 시에서 '전전긍긍! (항상 조심하라), 마치 깊은 연못을 마주한 듯, 살얼음 위를 걷는 듯이'라고 했는데, 이제야 나는 (부모님을 주신 신체를 잘 지키려는)그 근심에서 벗어났구나. 제자들아!"

4

증자가 위중하자 맹경자가 병문안을 왔다. 증자가 말했다. "새는 죽을 때 울음이 처량하고, 사람은 임종을 앞두고 말을 바르게 한다고 했습니다. 군자가 지켜야 할 것은 세 가지입니다. 몸가짐을

君子所貴乎道者三, 動容貌,
斯遠暴慢矣, 正顏色, 斯近信矣,
出辭氣, 斯遠鄙倍矣. 籩豆之事,
則有司存."

군자소귀호도자삼 동용모
사원 포만의 정안색 사근신의
출사기 사원비배의 변두지사
즉유사존

5

曾子曰, "以能問於不能,
以多問於寡, 有若無, 實若虛,
犯而不校, 昔者吾友嘗從事於斯矣."

증자왈 이능문어불능
이다문어과 유약무 실약허
범이불교 석자오우상종사어사의

6

曾子曰, "可以託六尺之孤,
可以寄百里之命, 臨大節而不可奪也,
君子人與? 君子人也."

증자왈 가이탁육척지고
가이기백리지명 임대절이불가탈야
군자인여 군자인야

7

曾子曰, "士不可以不弘毅,
任重而道遠. 仁以爲己任,
不亦重乎? 死而後已, 不亦遠乎?"

증자왈 사불가이불홍의
임중이도원 인이위기임
불역중호 사이후이 불역원호

바르게 하면 몹쓸 꼴은 당하지 않습니다. 태도를 단정하게 해야 다른 사람에게 신뢰를 얻을 수 있습니다. 말을 조심스럽게 해야 실수가 줄어듭니다. 제사 같은 일이야 다른 사람에게 맡기면 됩니다."

5

증자가 말했다. "능숙하면서도 서툰 사람에게 몸을 낮춰 물어보고, 지식이 풍부하면서도 부족한 사람에게 가르침을 청하고, 있으면서도 없는 척 낮추고, 꽉 찼으면서도 텅 빈 듯 겸손하게 행동하고, 모욕을 당하고도 득실을 따지지 않는다. 내 친구 중에 이런 사람이 있었다."

6

증자가 말했다. "(고아가 된)어린 임금을 맡길 수 있고, 나라의 명운을 책임지며, 대혼란속에서 흔들리지 않은 사람이면, 진정 큰 인물이 아닌가? 위대한 사람이다."

7

증자가 말했다. "배움에 뜻을 두었다면 굳세고 넓어야 한다. 책임이 무겁고 갈 길이 멀기 때문이다. 인간의 길을 목표로 세웠으니 진정 책임이 무겁다. 죽고서야 끝나므로 갈 길이 진정 멀다."

8

子曰, "興於詩, 立於禮, 成於樂."

자왈 흥어시 입어례 성어락

9

子曰, "民可使由之, 不可使知之."

자왈 민가사유지 불가사지지

10

子曰, "好勇疾貧, 亂也. 人而不仁,
疾之已甚, 亂也."

자왈 호용질빈 난야 인이불인
질지이심 난야

11

子曰, "如有周公之才之美, 使驕且吝,
其餘不足觀也已."

자왈 여유주공지재지미 사교차린
기여부족관야이

12

子曰, "三年學, 不至於穀, 不易得也."

자왈 삼년학 부지어곡 불이득야

13

子曰, "篤信好學, 守死善道.

자왈 독신호학 수사선도

8

공자께서 말씀하셨다. "시로서 순수한 마음을 계발하고, 예로서 실천으로 기준으로 삼으며, 음악을 통해 인격 완성을 추구한다."

9

공자께서 말씀하셨다. "백성을 이끌고 갈 수 있으나, 자세하게 설명해주기는 어렵다."

10

공자께서 말씀하셨다. "용기를 좋아하면서 가난을 병적으로 싫어하면 차라리 해악에 가깝다. 사람이 사람답지 못하다고 몹시 미워한다면 혼란만 생길 뿐이다."

11

공자께서 말씀하셨다. "만약 주공 같은 재능과 재주가 있더라도 교만하고 인색하면 그 사람에게 기대할 것이 별로 없다."

12

공자께서 말씀하셨다. "삼 년을 공부하고도 벼슬을 바라지 않는 사람은 만나기 어렵다."

13

공자께서 말씀하셨다. "굳은 신념으로 배우고, 죽음이 닥치더라

危邦不入, 亂邦不居. 天下有道則見,
無道則隱. 邦有道, 貧且賤焉, 恥也,
邦無道, 富且貴焉, 恥也."

위방불입 난방불거 천하유도즉현
무도즉은 방유도 빈차천언 치야
방무도 부차귀언 치야

14

子曰, "不在其位, 不謀其政."

자왈 부재기위 불모기정

15

子曰, "師摯之始, 關雎之亂,
洋洋乎, 盈耳哉!"

자왈 사지지시 관저지란
양양호 영이재

16

子曰, "狂而不直, 侗而不愿,
悾悾而不信, 吾不知之矣."

자왈 광이부직 동이불원
공공이불신 오부지지의

17

子曰, "學如不及, 猶恐失之."

자왈 학여불급 유공실지

도 인간의 길을 걸어야 한다. 위태로운 나라에는 들어가지 않고 혼란스러운 나라에 살지 않는다. 천하에 도가 있으면 세상에 나와 뜻을 펼치고, 천하에 도가 없다면 은거하면서 실력을 기른다. 나라에 도가 있을 때 가난하고 직위가 없으면 부끄러워해야 하고, 나라에 도가 없는데도 부유하고 높은 자리에 있다면 수치로 여겨야 한다."

14

공자께서 말씀하셨다. "제 일이 아니면 참견하지 말아야 한다."

15

공자께서 말씀하셨다. "(음악을 관장하는)태사 지가 처음 연주하면서 관저를 종장으로 끝맺을 때 그 소리가 아직도 내 귓가에 맴도는구나!"

16

공자께서 말씀하셨다. "큰소리만 치면서 정직하지 않고, 무식하면서 성실하지 않으며, 무능하면서 신용도 없으면 나도 그런 사람은 어쩔 수 없다."

17

공자께서 말씀하셨다. "배웠더라도 늘 모자란 듯이, 오직 배운 것을 놓칠까 봐 마음을 써야 한다."

18

子曰, "巍巍乎, 舜禹之有天下也,
而不與焉!"

자왈 외외호 순우지유천하야
이불여언

19

子曰, "大哉堯之爲君也! 巍巍乎!
唯天爲大, 唯堯則之. 蕩蕩乎,
民無能名焉. 巍巍乎!
其有成功也, 煥乎其有文章!"

자왈 대재요지위군야 외외호
유천위대 유요칙지 탕탕호
민무능명언 외외호
기유성공야 환호기유문장

20

舜有臣五人 而天下治.
武王曰, "予有亂臣十人."
孔子曰, "才難, 不其然乎? 唐虞之際,
於斯爲盛. 有婦人焉, 九人而已.
三分天下有其二, 以服事殷. 周之德,
其可謂至德也已矣."

순유신오인 이천하치
무왕왈 여유난신십인
공자왈 재난 불기연호 당우지제
어사위성 유부인언 구인이이
삼분천하유기이 이복사은 주지덕
기가위지덕야이의

21

子曰, "禹, 吾無間然矣.
菲飮食, 而致孝乎鬼神,

자왈 우 오무간연의
비음식 이치효호귀신

18

공자께서 말씀하셨다. "위대하고 위대하시도다. 순임금과 우임금은 천하를 다스렸는데도 책 잡을 게 없구나!"

19

공자께서 말씀하셨다. "위대하시도다! 요임금께서 왕위에 계실 때이루신 업적이! 오직 하늘만 위대하거늘, 요임금께서만 이를 본받으셨다. 넓고도 넓으셔 백성이 업적에 걸맞은 이름을 짓지 못하는구나! 높고도 높구나! 그 이루신 공적이여! 빛나고 빛나는구나! 그 이루신 문화여!"

20

순임금은 훌륭한 신하 다섯을 두어 태평성대를 이루셨다.

무왕이 말씀하셨다. "나는 훌륭한 신하 열을 두었다."

공자께서 말씀하셨다. "인재를 얻기 어렵다. 그렇지 않은가? 요임금, 순임금 시절은 지금보다 융성했다. 부인도 끼어 있으니 본래는 아홉 신하일 것이다. 주나라는 천하의 3분의 2를 차지하고도 옛 종주국인 은나라를 섬겼으니 주나라의 품격은 정말 대단하다고 평가할 수 있다."

21

공자께서 말씀하셨다. "우임금은 내가 흠잡을 게 없다. 거친 음식을 드시면서도 귀신을 진심으로 섬겼고, 질 나쁜 옷을 입으시면

惡衣服, 而致美乎黻冕,　　　　　악의복 이치미호불면

卑宮室, 而盡力乎溝洫.　　　　　비궁실 이진력호구혁

禹, 吾無間然矣."　　　　　　　　우 오무간연의

서도 왕의 상징인 왕관에 관해서 격식을 다 갖추셨다. 허름한 곳에 사시면서도 (백성을 위해) 치수 사업에 최선을 다하셨다. 우 임금은 내가 흠잡을 게 없다."

子罕
第九

1

子罕言利與命與仁.

자한언리여명여인

2

達巷黨人曰, "大哉孔子!

달항당인왈 대재공자

博學而無所成名."

박학이무소성명

子聞之, 謂門弟子曰, "吾何執?

자문지 위문제자왈 오하집

執御乎? 執射乎? 吾執御矣."

집어호 집사호 오집어의

3

子曰, "麻冕, 禮也, 今也純, 儉,

자왈 마면 예야 금야순 검

吾從衆. 拜下, 禮也, 今拜乎上, 泰也.

오종중 배하 예야 금배호상 태야

雖違衆, 吾從下."

수위중 오종하

4

子絶四, 毋意, 毋必, 毋固, 毋我.

자절사 무의 무필 무고 무아

1

공자께서는 하늘의 길과 인간의 길을 말씀하실 적에 이로움에
관해서는 거의 말씀하시지 않으셨다.

2

달항 고을 사람이 말했다. "위대하시도다. 공자께서는! (허나) 박학
하시지만 뚜렷이 발자취를 남기신 것은 없다."
공자께서 이 이야기를 들으시고 제자에게 말씀하셨다. "내 무엇
을 하여 이름을 남길까? 말고삐를 잡을까? 활을 쏠까? 나는 말고
삐라도 잡아 이름을 날려야겠다!"

3

공자께서 말씀하셨다. "상례 때 삼베로 짠 관을 쓰는 것이 예법에
맞는데 요즘은 생사로 만들어 쓰는데 검소하구나! 나도 대중을
따르겠다. 마루 아래에서 절하는 것이 예인데 요즘은 마루 위로
올라와서 하니 예법을 크게 벗어나 교만한 것 같다. 대중과 어긋
나더라도 나는 마루 아래에서 절하겠다."

4

공자께서는 함부로 억측하지 않으시고 당신만 옳다고 믿지 않으
셨고, 끝까지 고집부리거나 당신을 내세우시지도 않으셨다.

5

子畏於匡, 曰, "文王旣沒, 文不在玆乎?
天之將喪斯文也,
後死者不得與於斯文也,
天之未喪斯文也, 匡人其如予何?"

자외어광 왈 문왕기몰 문부재자호
천지장상사문야
후사자부득여어사문야
천지미상사문야 광인기여여하

6

大宰問於子貢曰, "夫子聖者與?
何其多能也?"
子貢曰, "固天縱之將聖, 又多能也."
子聞之曰, "大宰知我乎! 吾少也賤,
故多能鄙事. 君子多乎哉? 不多也."

태재문어자공왈 부자성자여
하기다능야
자공왈 고천종지장성 우다능야
자문지왈 태재지아호 오소야천
고다능비사 군자다호재 부다야

7

牢曰, "子云, '吾不試, 故藝.'"

뇌왈 자운 어불식 고예

8

子曰, "吾有知乎哉? 無知也.
有鄙夫問於我, 空空如也.
我叩其兩端而竭焉."

자왈 오유지호재 무지야
유비부문어아 공공여야
아고기양단이갈언

5

광 땅 사람이 공자께 몹쓸 짓을 했다. 공자께서 말씀하셨다.
"문왕께서는 이미 돌아가셨지만, 그 문화는 나에게 남아 있지 않은가? 하늘이 이 문화를 없앴더라면, 후학들이 이 문화를 누리지 못했을 것이다. 하늘이 이 문화를 없애려 하지 않으실 것이니 광 땅 사람이 나를 어찌하지 못할 것이다."

6

태재가 자공에게 물었다. "공자께서는 성인이십니까? 어찌 그렇게 재주가 많습니까?"
자공이 대답했다. "하늘이 성인을 내실 적에는 재능도 많이 주신다."
공자께서 이 말을 듣고 말씀하셨다. "태재가 나를 알아주는구나! 젊어서 나는 관직을 얻지 못해 천한 일을 많이 해야 했다. 인격이 높다고 해서 반드시 재주가 많겠는가! 많지 않다."

7

뇌가 말했다. "선생님께서 나에게 '나는 등용되지 못해서 재주가 많다'라고 하셨다."

8

공자께서 말씀하셨다. "내가 아는 것이 있는가? 그렇지 않다. 촌스러운 사람이 나에게 질문한다면 (설령 내가 모른 것이라도) 앞뒤를 살펴 최선을 다해 가르쳐 주지!"

9

子曰, "鳳鳥不至, 河不出圖, 吾已矣夫!"　자왈 봉조부지 하불출도 오이의부

10

子見齊衰者 冕衣裳者與瞽者, 見之,　자견자최자 면의상자여고자 견지

雖少必作, 過之必趨.　수소필작 과지필추

11

顏淵喟然歎曰, "仰之彌高, 鑽之彌堅.　안연위연탄왈 앙지미고 찬지미견

瞻之在前, 忽焉在後.　첨지재전 홀연재후

夫子循循然善誘人, 博我以文,　부자순순연선유인 박아이문

約我以禮, 欲罷不能.　약아이례 욕파불능

旣竭吾才, 如有所立卓爾.　기갈오재 여유소립탁이

雖欲從之, 末由也已."　수욕종지 말유야이

12

子疾病, 子路使門人爲臣.　자질병 자로사문인위신

病間, 曰, "久矣哉, 由之行詐也!　병간 왈 구의재 유지행사야

無臣而爲有臣. 吾誰欺? 欺天乎!　무신이위유신 오수기 기천호

且予與其死於臣之手也,　차여여기사어신지수야

9

공자께서 말씀하셨다. "봉황도 보이지 않고, (『주역』의) 하도도 나오지 않으니 나는 이제 끝났는가 보다!"

10

공자께서 상복을 입은 사람이나 관복을 입은 사람, 눈먼 사람을 만나시면 이들이 비록 나이가 어리더라도 반드시 일어나셨고, 앞을 지나갈 때 잰걸음으로 바삐 가셨다.

11

안연이 감탄하면서 말했다. "우러러보면 더욱 높이 계시고, 뚫으려 하면 더 단단해지신다. 앞에 계신 것을 보았는데, 어느 순간에 뒤에 계신다. 선생님께서는 사람을 부드럽게 가르쳐 주시고, 학문으로 나를 넓혀주시고, 내가 예를 기준으로 간략하게 행동할 수 있도록 이끌어 주신다. (선생님을 따라갈 수 없어) 그만두고 싶어도 그러지 못하니 있는 힘을 다했다. 저 앞에 우뚝 서 계신 데 따라가려고 해도 그럴 방법이 없다."

12

공자께서 병이 깊어지시자 자로가 장례를 치를 가신을 두었다. 병이 호전되자 공자께서 말씀하셨다. "유가 이런 참람한 짓을 하는 것도 오래간만이구나! 군주를 섬기는 신하가 아닌데도 가신을 두다니……. 내가 누구를 속일 수 있겠는가?

無寧死於二三子之手乎!
且予縱不得大葬, 予死於道路乎?"

무녕사어이삼자지수호
차여종부득대장 여사어도로호

13

子貢曰, "有美玉於斯, 韞匵而藏諸?
求善賈而沽諸?"
子曰, "沽之哉! 沽之哉! 我待賈者也."

자공왈 유미옥어사 온독이장저
구선가이고저
자왈 고지재 고지재 아대가자야

14

子欲居九夷. 或曰, "陋如之何?"
子曰, "君子居之, 何陋之有?"

자욕거구이 혹왈 루여지하
자왈 군자거지 하루지유

15

子曰, "吾自衛反魯, 然後樂正,
雅頌各得其所."

자왈 오자위반노 연후악정
아송각득기소

16

子曰, "出則事公卿, 入則事父兄,
喪事不敢不勉,

자왈 출즉사공경 입즉사부형
상사불감불면

하늘을 속일 수 있겠는가! 내가 너희들 손에서 죽어야지 어찌 거짓 신하가 나를 거두게 할 수 있겠는가! 내 장례를 성대하게 치르지 못할지라도 설마 길거리에서 객사하겠는가!"

13

자공이 물었다. "선생님, 여기 귀한 옥이 있다면 함에 잘 보관해두겠습니까? 아니면 좋은 값에 파시겠습니까?"
공자께서 말씀하셨다. "팔겠다. 팔 것이다! 반드시 좋은 값을 쳐주는 이를 기다릴 것이다."

14

공자께서 오랑캐 땅으로 거처를 옮기고 싶어 하셨다.
어떤 사람이 물었다. "그들에게 문화가 없는데 괜찮겠습니까?"
공자께서 말씀하셨다. "군자가 살게 된다면, 문화가 만들어지지 않겠는가?"

15

공자께서 말씀하셨다. "내가 위나라에서 노나라로 돌아오고부터 음악이 바르게 잡혔다. (『시경』의) 아와 송이 본래 모습을 찾았다."

16

공자께서 말씀하셨다. "벼슬에 나가면 공경(총리급)을 섬기고, 집안에 들어오면 아버지와 형을 섬긴다. 장례에 온 힘을 다하고, 술

不爲酒困, 何有於我哉?"　　　　불위주곤 하유어아재

17

子在川上曰, "逝者如斯夫! 不舍晝夜."　　자재천상왈 서자여사부 불사주야

18

子曰, "吾未見好德如好色者也."　　자왈 오미견호덕여호색자야

19

子曰, "譬如爲山, 未成一簣, 止, 吾止也.　자왈 비여위산 미성일궤 지 오지야
譬如平地, 雖覆一簣, 進, 吾往也."　　비여평지 수복일궤 진 오왕야

20

子曰, "語之而不惰者, 其回也與!"　　자왈 어지이불타자 기회야여

21

子謂顔淵曰, "惜乎! 吾見其進也,　　자위안연왈 석호 오견기진야
未見其止也."　　미견기지야

때문에 곤란한 일을 겪지 않는 것, 이것 중에 내가 무엇을 잘할 수 있겠는가!"

17

공자께서 강가에 서서 탄식하셨다. "(세월도) 이처럼 흘러가겠지! 밤낮을 쉬지 않고 흘러가는구나!"

18

공자께서 말씀하셨다. "나는 여색을 좋아하는 만큼 인덕을 좋아하는 이를 본 적이 없다."

19

공자께서 말씀하셨다. "산을 만들 때 한 삼태기가 모자라 완성하지 못했다면 내가 그만 둔 것이고, 평지를 만들 때 한 삼태기를 부었다면 그것은 내가 시작한 것이다."

20

공자께서 말씀하셨다. "가르쳐 주면 부지런히 실천하는 이는 오직 회(안연)뿐일 것이다."

21

공자께서 안연을 두고 평가하셨다. "(정말) 애통하다! 나는 그가 발전하는 것만 보았지, 퇴보하는 것을 본 적이 없다."

22

子曰, "苗而不秀者, 有矣夫!　　　　자왈 묘이불수자 유의부
秀而不實者, 有矣夫!"　　　　　　수이불실저 유의부

23

子曰, "後生可畏, 焉知來者之不如今也?　자왈 후생가외 언지래자지불여금야
四十五十而無聞焉, 斯亦不足畏也已."　사십오십이무문언 사역부족외야이

24

子曰, "法語之言, 能無從乎?　　　자왈 법어지언 능무종호
改之爲貴. 巽與之言, 能無說乎?　개지위귀 손여지언 능무열호
繹之爲貴. 說而不繹, 從而不改,　역지위귀 열이불역 종이불개
吾末如之何也已矣."　　　　오말여지하야이의

25

子曰, "主忠信, 毋友不如己者,　자왈 주충신 무우불여기자
過則勿憚改."　　　　　　　과즉물탄개

26

子曰, "三軍可奪帥也, 匹夫不可奪志也."　자왈 삼군가탈수야 필부불가탈지야

22

공자께서 말씀하셨다. "싹을 틔우고도 꽃을 피우지 못하는 경우가 있는가 하면, 꽃을 피우고도 열매를 맺지 못하는 경우도 있다."

23

공자께서 말씀하셨다. "후배를 진정 두려워해야 한다. 뒤에 온다고 해서 어찌 지금만 못하겠느냐! 나이가 마흔이나 쉰이 되어도 이름이 나지 않으면 그 사람은 딱히 볼 것이 없다."

24

공자께서 말씀하셨다. "법도의 맞는 말씀을 따라야 하지 않겠는가? 허물을 고쳐나가는 것이 중요하다. 공손하고 사려 깊게 충고하는 말씀을 들으면 무척 기쁘지 않겠는가? 그 말씀대로 하는 것이 중요하다. 좋아하면서 따르지 않고, 따르면서도 고치지 않는다면 나로서도 어쩔 수 없다."

25

공자께서 말씀하셨다. "진실하고 미쁘게 살아야 한다. 나보다 못한 사람과 사귀지 말고, 허물이 있으면 즉각 고쳐야 한다."

26

공자께서 말씀하셨다. "적장이 삼군 사령관일지라도 뺏어 올 수 있지만, 필부에게서 굳센 뜻은 뺏어 올 수 없다."

27

子曰, "衣敝縕袍, 與衣狐貉者立,
而不恥者,
其由也與? '不忮不求, 何用不臧?'"
子路終身誦之.
子曰, "是道也, 何足以臧?"

자왈 의폐온포 여의호학자립
이불치자
기유야여 불기불구 하용부장
자로종신송지
자왈 시도야 하족이장

28

子曰, "歲寒然後知松柏之後彫也."

자왈 세한연후지송백지후조야

29

子曰, "知者不惑, 仁者不憂, 勇者不懼."

자왈 지자불혹 인자불우 용자불구

30

子曰, "可與共學, 未可與適道,
可與適道, 未可與立, 可與立,
未可與權." "唐棣之華, 偏其反而.
豈不爾思? 室是遠而."
子曰, "未之思也, 夫何遠之有?"

자왈 가여공학 미가여적도
가여적도 미가여립 가여립
미가여권 당채지화 편기반이
기불이사 실시원이
자왈 미지사야 부하원지유

27

공자께서 말씀하셨다. "해진 솜옷을 입고 담비 가죽옷을 입은 사람 옆에 서도 부끄러워하지 않는 이는 자로일 것이다. '탐내지 않고, 욕심내지 않으니 아름답지 않은가?' 자로가 이 말을 종신토록 외우고자 했다. 공자께서 말씀하셨다. '그냥 그 정도이다. 그것을 굳이 새길 필요가 있겠는가?'"

28

공자께서 말씀하셨다. "날씨가 추워져야만 소나무와 잣나무가 늦게 시드는 줄 알게 된다."

29

공자께서 말씀하셨다. "슬기로운 사람은 미혹되지 않으며, 품격이 있는 사람은 근심이 없고, 용기 있는 사람은 두려움이 없다."

30

공자께서 말씀하셨다. "같이 공부할 수는 있어도 인간의 길을 함께 걸을 수 없으며, 인간의 길을 함께 걷더라도 함께 우뚝 서지는 못한다. 함께 우뚝 서더라도 가르침을 서로 나누지는 못한다."
"장미 꽃잎이 휘날리는데 어찌 그대를 생각하지 않으리오? 집이 멀어서 잘 생각나지 않네"
공자께서 말씀하셨다. "생각하지 않았을 뿐이지! 먼 것이 무슨 상관이 있겠는가?"

鄉黨第十

1

孔子於鄉黨, 恂恂如也, 似不能言者.

공자어향당 순순여야 사불능언자

其在宗廟朝廷, 便便言, 唯謹爾.

기재종묘조정 변변언 유근이

朝, 與下大夫言, 侃侃如也,

조 여하대부언 간간여야

與上大夫言, 誾誾如也. 君在,

여상대부언 은은여야 군재

踧踖如也, 與與如也.

축적여야 여여여야

2

君召使擯, 色勃如也, 足躩如也.

군소사빈 색발여야 족확여야

揖所與立, 左右手, 衣前後, 襜如也.

읍소여립 좌우수 의전후 첨여야

趨進, 翼如也. 賓退,

추진 익여야 빈퇴

必復命曰, "賓不顧矣."

필복명왈 빈불고의

3

入公門, 鞠躬如也, 如不容. 立不中門,

입공문 국궁여야 여불용 입부중문

行不履閾. 過位, 色勃如也, 足躩如也,

행불리역 과위 색발여야 족확여야

其言似不足者. 攝齊升堂, 鞠躬如也,

기언사부족자 섭자승당 국궁여야

屏氣似不息者.

병기사불식자

出, 降一等, 逞顏色, 怡怡如也.

출 강일등 영안색 이이여야

沒階, 趨進, 翼如也. 復其位, 踧踖如也.

몰계 추진 익여야 복기위 축적여야

1

공자께서 마을에 편히 계실 때는 말씀을 신중히 하시어 마치 말을 잘하지 못하는 것처럼 하셨다. 종묘에 계실 때는 말씀을 분명하고 또렷하게 하시면서 몸가짐을 몹시 조심하셨다. 조정에서 하대부와 이야기할 때는 단호하고 곧게 말씀하셨고, 상대부와 말씀을 나눌 때는 부드럽게 하시면서 핵심을 짚으셨다. 군주가 계시면 공경하면서 위엄이 서려 있었다.

2

군주가 사신을 맞이하라고 하시면 안색이 변하시면서 종종걸음을 하셨다. 빈객과 나란히 서서 군주의 말을 좌우로 전할 때 옷깃을 가지런히 하셨다. 잰걸음으로 빨리 걸을 때는 마치 새가 나는 것 같았다. 사신이 물러나면 반드시 군주께 아뢰었다. "(흡족하여) 빈객께서 뒤를 돌아보지 않으셨습니다."

3

조정에 들어갈 때 좁은 곳으로 들어가는 듯 몸을 낮추셨다. 중문에 서 있는 법이 없었고, 문지방을 밟지 않으셨다. 임금의 자리를 지나갈 때 안색이 변하셨고 종종걸음 하셨다. 조정에 있으면 말씀을 못 하시는 듯 조심하셨다. 계단을 올라 승당할 때는 옷자락을 잡고 자세를 낮추시고 소리를 줄여 죽은 듯이 숨을 쉬셨다. 용무가 끝나고 계단을 내려올 때 비로소 안색이 밝아지고 여유를 되찾으셨다. 계단이 끝나면 새처럼 잰걸음으로 빨리 지나가셨다.

4

執圭, 鞠躬如也, 如不勝. 上如揖,
下如授.
勃如戰色, 足蹜蹜如有循.
享禮, 有容色. 私覿, 愉愉如也.

집규 국궁여야 여불승 상여읍
하여수
발여전색 족축축여유순
향례 유용색 사적 유유여야

5

君子不以紺緅飾, 紅紫不以爲褻服.
當署, 袗絺綌, 必表而出之. 緇衣,
羔裘, 素衣, 麑裘, 黃衣狐裘. 褻裘長,
短右袂. 必有寢衣, 長一身有半.
狐貉之厚以居. 去喪, 無所不佩.
非帷裳, 必殺之. 羔裘玄冠不以弔.
吉月, 必朝服而朝. 齊必有明衣, 布.

군자불이감추식 홍자불이위설복
당서 진치격 필표이출지 치의
고구 소의 예구 황의호구 설구장
단우메 필유침의 장일신유반
호학지후이거 거상 무소불패
비유상 필쇄지 고구현관불이조
길월 필조복이조 재필유명의 포

다시 임금의 자리를 지나갈 때는 종종걸음 하셨다.

4

외국에 사신으로 나갈 때 임금께서 규(신임장)를 내려 주시면 몸을 낮추고 마치 받들지 못하듯이 하셨다. 위로 올릴 때는 마치 절하듯 하셨고 아래로는 내릴 때는 (귀한) 물건을 주듯 하셨다. 이때 얼굴에 두려운 빛이 감돌았다. 걸음은 조심하고 또 조심하셨다. 규를 올리고 나고 연회 석상에서는 얼굴빛이 밝아지셨다. 사적으로 사람을 만날 때는 아주 부드럽고 편안하게 대하셨다.

5

군자는 동정이나 깃, 섶을 짙은 감색과 검붉은색으로 하지 않는다. 붉은색이나 보라색으로 평상복을 짓지 않는다.

더울 때는 가는 갈포나 굵은 갈포로 만든 겉옷을 입고 맨살을 드러내지 않는다. 겨울에는 윗도리가 검은 솜누비이면 바지는 검은 털 염소가죽으로 지은 것을 입고, 윗도리가 흰 솜누비이면 바지는 고라니가죽 바지를 입고 윗도리가 황색이면 바지는 여우가죽을 입는다. 평상복으로 입은 가죽옷은 단을 길게 내렸고 오른쪽 소매는 짧게 한다. 반드시 잠옷을 갖추어야 하며, 몸길이의 1.5배로 한다. 방석은 여우가죽과 담비가죽을 두껍게 만들어 쓴다.

패옥은 평상시는 늘 차고 장례 때는 벗는다. 공식 석상에 입는 치마가 아니라면 허리둘레를 줄여야 한다. 흑염소가죽 옷을 입거나 검은 관을 쓰고 조문해서는 안 된다. 매월 초하루에는 반드시 관

6

齊必變食, 居必遷坐. 食不厭精,
膾不厭細.

食饐而餲, 魚餒而肉敗, 不食. 色惡,
不食. 臭惡, 不食.

失飪, 不食. 不時, 不食. 割不正, 不食.
不得其醬, 不食.

肉雖多, 不使勝食氣. 唯酒無量,
不及亂. 沽酒市脯不食.

不撤薑食, 不多食. 祭於公, 不宿肉.
祭肉, 不出三日.

出三日, 不食之矣. 食不語, 寢不言.
雖疏食菜羹, 瓜祭, 必齊如也.

재필변식 거필천좌 식불염정
회불염세

식의이애 어뇌이육패 불식 색악
불식 취악 불식

실임 불식 불시 불식 할부정 불식
부득기장 불식

육수다 불사승사기 유주무량
불급난 고주시포불식

불철강식 불다식 제어공 불숙육
제육 불출삼일

출삼일 불식지의 식불어 침불언
수소사채갱 과제 필재여야

복을 갖추고 조회에 나가야 한다. 재계할 때는 삼베로 만든 명의를 별도로 준비해야 한다.

6

재계할 때 음식을 평상시와 달리해야 하며, 잠자리도 옮겨야 한다. 도정이 많이 된 쌀로 지은 밥이나 육회를 얇게 썰었더라도 물리지 말아야 한다. 밥에 쉰 냄새가 나거나 물고기나 육고기가 상한 냄새가 나면 먹지 말아야 한다.

색이 변했거나 악취가 나도 먹지 말아야 한다. 제때가 아니면 먹지 말고 제대로 썰지 않았다면 먹지 말아야 한다. 음식에 맞는 장(소스)을 준비해야 한다.

고기를 많이 먹더라도 밥 기운을 이기게 해서는 안 된다. 술을 많이 마시더라도 정신을 잃을 정도까지 마셔서는 안 된다. 시장에서 산 술이나 고기는 먹지 말아야 한다.

생강은 자주 먹고 과식하지 말아야 한다. 나라에서 지낸 제사 고기를 하사받았다면 그날 밤을 넘기지 말아야 한다. 집 제사에 쓴 고기를 사흘을 묵히지 말고 사흘이 지나면 먹지 말아야 한다. 음식을 먹을 때 말하지 말고 잘 때도 말하지 말아야 한다.

거친 밥이나 산나물국을 먹더라도 반드시 제를 올리고 마치 귀신을 마주한 듯 엄숙해야 한다.

(공자께서 이렇게 하셨다고 묘사하는 장면이나 번역의 편의를 위해 '~해야 한다' 식으로 처리했다.)

7

席不正, 不坐. 鄉人飲酒, 杖者出,
斯出矣.

석부정 부좌 향인음주 장자출
사출의

8

鄉人儺, 朝服而立於阼階.

향인나 조복이립어조계

9

問人於他邦, 再拜而送之.

문인어타방 재배이송지

10

康子饋藥, 拜而受之. 曰, "丘未達,
不敢嘗."

강자궤약 배이수지 왈 구미달
불감상

11

廐焚. 子退朝曰, "傷人乎?" 不問馬.

구분 자퇴조왈 상인호 불문마

12

君賜食, 必正席先嘗之. 君賜腥,
必熟而薦之.

군사식 필정석선상지 군사성
필숙이천지

7

자리가 바르지 않으면 앉지 않으셨다. 동네 사람들과 술을 드시다 어른이 나가시면 바로 따라 나가셨다.

8

마을 사람들이 액매기 굿을 하면 관복을 갖춰 입고 동쪽 섬돌에서 계셨다.

9

다른 나라에 사람을 보낼 때 그 사람에게 절을 두 번하고 배웅했다.

10

실세 계강자가 약재를 보내왔다. 공자께서 절을 하고 받으시며 말씀하셨다. "제가 약을 잘 몰라 먹을 엄두를 내지 못하겠습니다."

11

마구간에 불이 났다. 공자께서 퇴궐하시고는 "다친 사람은 없느냐?"라고 물으시고는 말에 관해서는 아무 말씀 하시지 않았다.

12

임금이 음식을 내려 주시면 반드시 자리를 정돈하시고 음식을 조금 맛보셨다. 임금이 생고기를 내려 주시면 반드시 삶아서 사당

君賜生, 必畜之. 侍食於君, 君祭, 先飯.

군사생 필휵지 시식어군 군제 선반

13

疾, 君視之, 東首, 加朝服, 拖紳.

질 군시지 동수 가조복 타신

14

君命召, 不俟駕行矣.

군명소 불사가행의

15

入太廟, 每事問.

입태묘 매사문

16

朋友死, 無所歸, 曰, "於我殯."

붕우사 무소귀 왈 어아빈

17

朋友之饋, 雖車馬, 非祭肉, 不拜.

붕우지궤 수거마 비제육 불배

에 올렸다. 임금이 산 짐승을 내려 주시면 반드시 집안에서 기르셨다. 임금을 모시고 식사할 때 임금이 제를 올리는 동안 음식에 독에 있는지 먼저 맛을 보셨다.

13

공자가 위중하자 임금께서 병문안을 오셨다. 공자는 머리를 동쪽으로 두고 관복을 위에 놓고 허리띠를 두게 하셨다.

14

임금이 부르면 마차를 차리기도 전에 빨리 가셨다.

15

태묘에 들어가서는 매사를 물으셨다.

16

뜻을 같이한 친구가 돌아가셔서 장례를 치르지 못하자 공자께서 말씀하셨다. "우리 집에 빈소를 차려라!"

17

친구가 수레 같은 귀한 선물을 보내더라도 제사 지낸 고기가 아니면 절하지 않으셨다.

18

寢不尸, 居不容.   침불시 거불용

19

見齊衰者, 雖狎, 必變.   견자최자 수압 필변

見冕者與瞽者, 雖褻, 必以貌.   견면자여고자 수설 필이모

凶服者式之. 式負版者.   흉복자식지 식부판자

有盛饌, 必變色而作. 迅雷風烈   유성찬 필변색이작 신뢰풍렬

必變.   필변

20

升車, 必正立, 執綏. 車中, 不內顧, 승거 필정립 집수 거중 부내고

不疾言, 不親指.   부질언 불친지

21

色斯擧矣, 翔而後集.   색사거의 상이후집

18

주무실 때 시체처럼 반듯이 눕지 않으셨고, 평상시에는 치장하시지 않으셨다.

19

거친 상복을 입은 사람을 보면 친한 사이라도 안색이 달라지셨다. 관을 쓴 대부나 눈먼 사람을 만나면 자주 보는 사이라도 몸단장을 다시 하셨다. 수레를 타고 가시다가 상복을 입은 사람을 만나면 수레에서 일어나 횡목에 기대어서 예를 표하셨다. 또 호적이나 지도를 지고 가는 사람을 만나도 그렇게 하셨다. 성찬을 대접받으시면 안색이 변하시면서 감사의 표시를 했다. 우레가 내리거나 바람이 강해도 안색이 변하셨다.

20

수레에 오르면 자리를 바르게 잡으셨고 수레 끈을 잡으셨다.
수레 안에서는 뒤를 돌아보지 않으셨고 말씀을 빨리하지 않으시며 손가락으로 가리키지 않으셨다.

21

놀란 새가 푸드덕 날아오른다. 공중을 몇 바퀴 선회하다 내려앉는다.

22

曰, "山梁雌雉, 時哉時哉!" 子路共之,
三嗅而作.

왈 산량자치 시재시재 자로공지
삼후이작

22

공자께서 말씀하셨다. "까투리가 산기슭에 앉았네. 때가 되었구
나! 때가 되었어!"

자로가 꿩을 잡아 요리해서 드렸다. 공자께서 세 번 냄새를 맡으
시더니 자리에서 일어나셨다.

先進第十一

1

子曰, "先進於禮樂, 野人也,
後進於禮樂, 君子也. 如用之,
則吾從先進."

자왈 선진어예악 야인야
후진어예악 군자야 여용지
즉오종선진

2

子曰, "從我於陳蔡者, 皆不及門也."

자왈 종아어진채자 개불급문야

3

德行, 顏淵 閔子騫 冉伯牛 仲弓.
言語, 宰我 子貢.
政事, 冉有 季路. 文學, 子游 子夏.

덕행 안연 민자건 염백우 중궁
언어 재아 자공
정사 염유 계로 문학 자유 자하

4

子曰, "回也非助我者也,
於吾言無所不說."

자왈 회야비조아자야
어오언무소불열

5

子曰, "孝哉閔子騫!
人不間於其父母昆弟之言."

자왈 효재민자건
인불간어기부모곤제지언

1

공자께서 말씀하셨다. "옛사람이 예악을 다룰 때 보면 촌사람처럼 투박하고, 요즘 사람들은 예악을 다루는 것이 도시 신사처럼 세련된 것 같다. 하나를 택하라 한다면 나는 옛사람을 따르고 싶다."

2

공자께서 말씀하셨다. "진나라와 채나라를 주유할 때 나와 함께 했던 제자들이 지금은 보이지 않구나!"

3

덕행은 안연, 민자건, 염백우, 중궁,

언어는 재아, 자공,

정사는 염유, 계로, 문학은 자유, 자하가 뛰어나다.

4

공자께서 말씀하셨다. "회는 나를 도우려 하지 않는 것 같다. 내 말을 모두 좋아하기만 하니까……."

5

공자께서 말씀하셨다. "효자구나. 민자건이여! 그의 부모, 형제가 칭찬해도 아무도 책 잡지 않는구나!"

6

南容三復白圭,

孔子以其兄之子妻之.

남용삼복백규

공자이기형지자처지

7

季康子問, "弟子孰爲好學?"

孔子對曰, "有顔回者好學,

不幸短命死矣, 今也則亡."

계강자문 제자숙위호학

공자대왈 유안회자호학

불행단명사의 금야즉무

8

顔淵死, 顔路請子之車以爲之槨.

子曰, "才不才, 亦各言其子也.

鯉也死, 有棺而無槨.

吾不徒行以爲之槨.

以吾從大夫之後, 不可徒行也."

안연사 안로청자지거이위지곽

자왈 재부재 역각언기자야

리야사 유관이무곽

오부도행이위지곽

이오종대부지후 불가도행야

9

顔淵死. 子曰, "噫! 天喪予! 天喪予!"

안연사 자왈 희 천상여 천상여

6

남용이 시 백규를 늘 암송하자 공자께서는 형의 딸을 시집보내셨다.

7

계강자가 하문했다. "제자 중에 누가 학문을 진정으로 좋아합니까?"

공자께서 답변하셨다. "안회가 진정 배움 그 자체를 즐겼습니다만, 불행히 명이 짧아 일찍 세상을 떠났습니다. 지금은 아무도 없습니다."

8

안연이 일찍 세상을 버리자 (안연의 아비인) 안로가 공자가 타던 수레를 팔아 곽을 만들어 달라고 공자께 요구했다.

공자께서 말씀하셨다. "재주가 있거나 없거나 아비에게 자식은 모두 같지 않냐! (내 아들) 리가 죽었을 때 관만 해주고 곽을 해주지 못했다. 내가 수레를 팔아서 곽을 해줄 수 없는 상황이었다. 내가 대부를 모셔야 해서 걸어 다닐 수 없었기 때문이다."

9

안연이 세상을 떠나자 공자께서 말씀하셨다. "아~ 하늘이 날 저버리시는구나. 하늘이 날 저버리시는구나!"

10

顔淵死, 子哭之慟. 從者曰, "子慟矣!"
曰, "有慟乎? 非夫人之爲慟而誰爲?"

안연사 자곡지통 종자왈 자통의
왈 유통호 비부인지위통이수위

11

顔淵死, 門人欲厚葬之.
子曰, "不可." 門人厚葬之.
子曰, "回也視予猶父也,
予不得視猶子也. 非我也,
夫二三子也."

안연사 문인욕후장지
자왈 불가 문인후장지
자왈 회야시여유부야
여부득시유자야 비아야
부이삼자야

12

季路問事鬼神. 子曰, "未能事人,
焉能事鬼?"
曰, "敢問死." 曰, "未知生, 焉知死?"

계로문사귀신 자왈 미능사인
언능사귀
왈 감문사 왈 미지생 언지사

13

閔子侍側, 誾誾如也, 子路,
行行如也, 冉有子貢, 侃侃如也.

민자시측 은은여야 자로
항항여야 염유자공 간간여야

10

안연이 일찍 세상을 떠나자 공자께서 몹시 애통해하며 곡을 하셨다.

제자가 물었다. "선생님께서 너무 슬피 우십니다."

"무엇이라! 내가 이 사람을 위해 목 놓아 울지 않으면 누구를 위해 울겠느냐!"

11

안연이 죽었을 때 동문이 후하게 장사 치르려고 했다.

공자께서 말씀하셨다. "안 된다(신분에 맞게 해야 한다)."

그런데도 동문이 후하게 장례를 치렀다. 공자께서 말씀하셨다. "회는 나를 아비로 모셨는데, 나는 그를 자식으로 대하지 못하는구나! 내 잘못이 아니다. 다 저들 탓이다."

12

계로가 '귀신을 어떻게 섬기는지' 물었다. 공자께서 말씀하셨다. "사람도 섬기지 못하는데 어떻게 귀신을 섬기겠느냐?"

"그럼 죽음에 관해서 알고 싶습니다."

"삶도 모르는데 어찌 죽음을 알겠느냐?"

13

민자가 공자를 모실 때는 은근했고, 자로는 굳세고 믿음직했으며, 염유와 자공은 편안하고 즐거워했다. 공자는 아주 좋아하셨다.

子樂. "若由也, 不得其死然."　　　　　자락 약유야 부득기사연

14

魯人爲長府. 閔子騫曰, "仍舊貫,　　　노인위장부 민자건왈 잉구관
如之何? 何必改作?"　　　　　　　　여지하 하필개작
子曰, "夫人不言, 言必有中."　　　　자왈 부인불언 언필유중

15

子曰, "由之瑟, 奚爲於丘之門?"　　　자왈 유지슬 해위어구지문
門人不敬子路.　　　　　　　　　　문인불경자로
子曰, "由也升堂矣, 未入於室也."　　자왈 유야승당의 미입어실야

16

子貢問, "師與商也孰賢?"　　　　　　자공문 사여상야숙현
子曰, "師也過, 商也不及." 曰,　　　자왈 사야과 상야불급 왈
"然則師愈與?"　　　　　　　　　　연즉사유여
子曰, "過猶不及."　　　　　　　　　자왈 과유불급

17

季氏富於周公, 而求也爲之聚斂而附　　계씨부어주공 이구야위지취렴이부
益之. 子曰, "非吾徒也.　　　　　　익지 자왈 비오도야

"유(자로)는 제 명대로 살기 어려울 것 같다."

14

노나라 사람들이 창고를 크게 다시 지었다. 민자건이 반대했다.
"옛것도 그대로 있는데 왜 다시 짓는가?"
공자께서 말씀하셨다. "저 사람이 말수가 적었는데, 말하면 사리
에 맞았다."

15

공자께서 말씀하셨다. "유는 왜 우리 집에서 슬(현악기)을 타는가?"
어린 제자들이 자로를 선배로 대접하지 않았다. 공자께서 말씀하
셨다. "(자로는 너희들이 함부로 대할 수준이 아니다) 유는 어느 수준에
오른 사람이다. 아직 깊숙이 들어오지 못했지만 말이다."

16

자공이 여쭈었다. "사(자장)와 상(자하) 중에 누가 뛰어납니까?"
공자께서 말씀하셨다. "사는 모자라고 상은 지나치다."
"그럼 사가 더 뛰어납니까?"
"지나친 것과 모자라는 것은 같다."

17

계씨가 주공보다 부자인데도 구(염구)가 세금을 많이 거둬들이자
계씨의 재산이 더 늘었다. 공자께서 말씀하셨다. "저놈은 우리 문

小子鳴鼓而攻之, 可也." 　　　　소자명고이공지 가야

18

柴也愚, 參也魯, 師也辟, 由也喭. 　　시야우 삼야로 사야벽 유야언
子曰, "回也其庶乎, 屢空. 賜不受命, 　자왈 회야기서호 누공 사불수명
而貨殖焉, 億則屢中." 　　　　　　이화식언 억즉누중

19

子張問善人之道. 子曰, "不踐迹, 　　자장문선인지도 자왈 불천적
亦不入於室." 　　　　　　　　　　역불입어실
子曰, "論篤是與, 君子者乎? 色莊者乎?" 　자왈 논독시여 군자자호 색장자호

20

子路問, "聞斯行諸?" 子曰, "有父兄在, 　자로문 문사행저 자왈 유부형재
如之何其聞斯行之?" 　　　　　　　여지하기문사행지
冉有問, "聞斯行諸?" 子曰, "聞斯行之." 　염유문 문사행저 자왈 문사행지
公西華曰, "由也問聞斯行諸, 子曰, 　　공서화왈 유야문문사행저 자왈

도가 아니다. 애들아! 북을 쳐서 저놈을 공격해도 좋다."

18

시(자고)는 지식은 부족하지만 넉넉한 사람이다. 삼(증자)은 둔하지만 지긋이 눌러앉아 공부한다. 사(자장)는 고집이 세기는 하나 몸가짐이 반듯하다. 유(자로)는 거칠지만 강직하다.

공자께서 말씀하셨다. "회(안연)는 거의 경지에 올랐다. 하지만 늘 가난해 자주 끼니를 걸렀다. 사(자공)는 하늘이 돕지 않는데도 재산을 늘리는 재주가 있었다. (공부하지 않고) 억측해도 자주 도리에 맞았다."

19

자장이 훌륭한 인물이 되는 길을 물었다. 공자께서 말씀하셨다. "옛 성현이 걸었던 길을 뼈를 깎듯이 쫓지 않으면 깊은 곳까지 이르지 못한다."

공자께서 말씀하셨다. "논변만 충실하면 참된 인간인가? 아니면 겉만 그럴듯하게 치장하는 인물인가?"

20

자로가 여쭈었다. "(좋은 말을) 들으면 즉시 실천해야 합니까?"

공자께서 말씀하셨다. "부모, 형제가 살아 있다면 바로 행동해서는 안 된다."

염유가 여쭈었다. "들으면 바로 실천해야 합니까?"

'有父兄在', 求也問聞斯行諸,
子曰, '聞斯行之'. 赤也惑, 敢問."
子曰, "求也退, 故進之, 由也兼人,
故退之."

유부형재 재야문문사행저
자왈 문사행지 적야혹 감문
자왈 구야퇴 고진지 유야겸인
고퇴지

21

子畏於匡, 顏淵後.
子曰, "吾以女爲死矣." 曰, "子在,
回何敢死?"

자외어광 안연후
자왈 오이여위사의 왈 자재
회하감사

22

季子然問, "仲由冉求可謂大臣與?"
子曰, "吾以子爲異之問, 曾由與求之問.
所謂大臣者, 以道事君, 不可則止.
今由與求也, 可謂具臣矣." 曰,
"然則從之者與?"
子曰, "弑父與君, 亦不從也."

계자연문 중유염구가위대신여
자왈 오이자위이지문 증유여구지문
소위대신자 이도사군 불가즉지
금유여구야 가위구신의 왈
연즉종지자여
자왈 시부여군 역부종야

"바로 실천해야 한다."

곁에 있던 공서화가 여쭈었다. "유가 '들으면 바로 실천해야 합니까'라고 물었을 때 선생님께서는 '부모, 형제가 있지 않느냐' 하시며 만류하셨고, 구가 '들으면 바로 실천해야 합니까'라고 물었을 때 선생님께서는 '들으면 바로 실천해야지'라고 권하셨습니다. 저는 왜 그렇게 답을 달리하셨는지 잘 몰라 여쭙니다."

공자께서 말씀하셨다. "구는 소심해서 앞서 나가게 했고, 유는 나서는 구석이 있어 뒤로 물러나게 하려고 한 것이다."

21

공자께서 광 땅에서 몹쓸 짓을 당했을 때 안연이 뒤에 처졌다.

공자께서 말씀하셨다. "나는 네가 죽은 줄 알았다."

안연이 대답했다. "선생님이 계신 데 제가 죽을 수 있겠습니까!"

22

계자연이 물었다. "중유와 염구는 대신 자리를 맡길 만한 인물입니까?"

공자께서 대답하셨다. "특별한 질문을 하실 줄 알았는데, (고작) 유와 구에 관해서 묻는구려! 소위 대신은 법도에 따라 군주를 섬기는데 군주가 따르지 않으면 자리에서 물러나야 합니다. 지금 유와 구는 (그 정도 인물은 아니고) 자릿수만 채우는 신하입니다."

"그럼 무조건 복종합니까?"

"군주나 아버지를 시해하는 인물들과는 함께 하지 않을 것입니다."

23

子路使子羔爲費宰. 子曰,　　　　자로사자고위비재 자왈

"賊夫人之子."　　　　　　　　　적부인지자

子路曰, "有民人焉, 有社稷焉,　　자로왈 유민인언 유사직언

何必讀書, 然後爲學?"　　　　　하필독서 연후위학

子曰, "是故惡夫佞者."　　　　　자왈 시고오부녕자

24

子路曾晳冉有公西華侍坐.　　　　자로증석염유공서화시좌

子曰, "以吾一日長乎爾, 毋吾以也.　자왈 이오일일장호이 무오이야

居則曰, '不吾知也!' 如或知爾,　　거즉왈 불오지야 여혹지이

則何以哉?"　　　　　　　　　　즉하이재

子路率爾而對曰, "千乘之國,　　　자로솔이이대왈 천승지국

攝乎大國之間, 加之以師旅,　　　섭호대국지간 가지이사려

因之以饑饉, 由也爲之, 比及三年,　인지이기근 유야위지 비급삼년

可使有勇, 且知方也."　　　　　가사유용 차지방야

夫子哂之. "求! 爾何如?" 對曰,　　부자신지 구 이하여 대왈

"方六七十, 如五六十, 求也爲之,　방육칠십 여오육십 구야위지

比及三年, 可使足民. 如其禮樂,　비급삼년 가사족민 여기예악

以俟君子." "赤! 爾何如?"　　　　이사군자 적 이하여

對曰, "非曰能之, 願學焉. 宗廟之事,　대왈 비일능지 원학언 종묘지사

如會同, 端章甫, 願爲小相焉."　　여회동 단장보 원위소상언

자로가 (미숙한) 자고를 비 고을의 책임자로 보내려고 했다.

공자께서 말씀하셨다. "너는 남의 귀한 자식을 해치려 하는구나!"

자로가 반박하려 했다. "백성도 있고 사직도 있으면 거기서 배울 수 있는 게 많습니다. 책을 읽는 것만 배운 것이라고 할 수 없지 않습니까?"

"내가 이래서 말만 잘하는 녀석을 싫어한다."

자로, 증석(증자의 아버지), 염유, 공서화가 공자를 모시고 있었다.

공자께서 말씀하셨다. "내가 너희보다 나이는 좀 많지만 어렵게 여기지 말아라! 평소 너희는 '나를 알아주는 사람이 없다'고 했는데, 만약 알아주는 이가 있다면 어떻게 하고 싶으냐?"

먼저 자로가 일어나 대답했다. "전차 1천 대를 보유한 나라가 강대국 사이에 끼여 전란에 시달리면서 흉년까지 겹쳐있는데 제가 국정을 맡으면 3년 안에 백성을 용감하게 만들고 바르게 살게 할 자신이 있습니다."

공자께서 소리 없이 웃었다. "구야! 너는 어떠냐?"

"사방 60~70리 혹은 50~60리 정도 작은 마을을 다스리면 3년 안에 백성이 풍족하게 살 수 있게 할 수 있습니다. 예악은 전문가를 기다리겠습니다."

"적아! 너는 어떠냐?"

"저는 자신 있다고 말하고 싶지 않고 더 배우고 싶을 뿐입니다.

"點! 爾何如?" 鼓瑟希, 鏗爾, 舍瑟而作, 　　점 이하여 고슬희 갱이 사슬이작

對曰, "異乎三子者之撰." 　　대왈 이호삼자자지찬

子曰, "何傷乎? 亦各言其志也." 　　왈 하상호 역각언기지야

曰, "莫春者, 春服旣成, 冠者五六人, 　　왈 모춘자 춘복기성 관자오육인

童子六七人, 浴乎沂, 風乎舞雩, 　　동자육칠인 욕호기 풍호무우

詠而歸." 夫子喟然歎曰, "吾與點也!" 　　영이귀 부자위연탄왈 오여점야

三子者出, 曾晳後. 曾晳曰, 　　삼자자출 증석후 증석왈

"夫三子者之言何如?" 子曰, 　　부삼자자지언하여 자왈

"亦各言其志也已矣." 　　역각언기지야이의

曰, "夫子何哂由也?" 曰, "爲國以禮, 　　왈 부자하신유야 왈 위국이례

其言不讓, 是故哂之." 　　기언불양 시고신지

"唯求則非邦也與?" 　　유구즉비방야여

"安見方六七十如五六十而非邦也者?" 　　안견방육칠십여오육십이비방야자

"唯赤則非邦也與?" "宗廟會同, 　　유적즉비방야여 종묘회동

非諸侯而何? 赤也爲之小, 　　비제후이하 적야위지소

孰能爲之大?" 　　숙능위지대

단복을 입고 장포를 쓰고서 종묘 제사나 큰 모임을 돕는 하급 관리가 되고 싶습니다."

"점아! 너는 어떠냐?" 증점은 악기 슬을 천천히 켜다 툭 밀치고 일어서서 대답했다.

"저 세 사람과 생각이 좀 다릅니다."

공자께서 말씀하셨다. "무엇이 문제인가? 각자 제 뜻을 말했을 뿐이다."

"늦봄 봄옷을 새로 지어 입고 어른 대여섯과 아이 예닐곱을 데리고 기수에서 목욕하고 무우에서 바람 쐬었다가 노래 부르면서 돌아오고 싶을 뿐입니다."

선생님께 탄복하시며 말씀하셨다. "네 생각이 훌륭하구나!" 다른 사람은 나가고 증석만 남았다.

증석이 물었다. "저 세 사람의 포부가 어떻습니까?"

공자께서 말씀하셨다. "제 뜻을 말했을 뿐이다."

"선생님께서 아까 왜 자로를 비웃었습니까?"

"나라를 예를 기준으로 다스린다고 하면서 겸손하지 못해 그래서 웃었다."

"적이 말하는 것은 나라가 아닙니까?"

"강토가 사방 육, 칠십 리 혹은 오, 육십리 정도로 작다고 해서 어찌 나라가 아니겠는가!"

"적이 말한 것도 국가 대사가 아닙니까?"

"종묘 제사와 회동은 제후가 맡은 일이다. 적은 이를 작은 일이라고 보았는데 도대체 어떤 것이 큰 일이더냐!"

顏淵
第十二

一

1

顏淵問仁. 子曰, "克己復禮爲仁.
一日克己復禮, 天下歸仁焉. 爲仁由己,
而由人乎哉?"
顏淵曰, "請問其目."
子曰, "非禮勿視, 非禮勿聽, 非禮勿言,
非禮勿動."
顏淵曰, "回雖不敏, 請事斯語矣."

안연문인 자왈 극기복례위인
일일극기복례 천하귀인언 위인유기
이유인호재
안연왈 청문기목
자왈 비례물시 비례물청 비례물언
비례물동
안연왈 회수불민 청사사어의

2

仲弓問仁. 子曰, "出門如見大賓,
使民如承大祭. 己所不欲, 勿施於人.
在邦無怨, 在家無怨."
仲弓曰, "雍雖不敏, 請事斯語矣."

중궁문인 자왈 출문여견대빈
사민여승대제 기소불욕 물시어인
재방무원 재가무원
중궁왈 옹수불민 청사사어의

1

안연이 어떻게 하면 참된 사람이 될 수 있는지 여쭈었다. 공자께서 말씀하셨다.

"네 잠재력을 잘 펼치고 예를 실천하면 참된 인간의 길을 걸을 수 있다. 네가 하루라도 그렇게 할 수 있다면 천하 사람 모두가 따라올 것이다. 인간의 길을 스스로 걸어가는 것이지, 다른 사람의 힘을 빌릴 수 있겠는가!"

안연이 다시 여쭈었다. "구체적 방법을 알고 싶습니다."

공자께서 말씀하셨다. "예가 아니면 보지도, 듣지도, 말하지도, 행동하지도 말아라!"

안연이 대답했다. "제가 총명하지 않지만, 선생님 말씀대로 하겠습니다."

2

중궁도 참된 인간의 길에 관해서 여쭈었다. 공자께서 말씀하셨다.

"집을 나서면 중요한 손님을 맞이하듯 항상 조심해라. 백성 부리기를 큰 제사 모시듯이 해야 한다. 네가 하고 싶지 않은 것을 다른 사람에게 시키지 마라. 그러면 나라 안에서 원망하는 소리가 사라질 것이고 집안에도 원망하는 사람이 없을 것이다."

중궁이 대답했다. "제가 명민하지 못하지만, 선생님 말씀을 따르겠습니다."

3

司馬牛問仁. 子曰, "仁者, 其言也訒."　　　사마우문인 자왈 인자 기언야인

曰, "其言也訒, 斯謂之仁矣乎?"　　　왈 기언야인 사위지인의호

子曰, "爲之難, 言之得無訒乎?"　　　자왈 위지난 언지득무인호

4

司馬牛問君子. 子曰, "君子不憂不懼."　　　사마우문군자 자왈 군자불우불구

曰, "不憂不懼, 斯謂之君子矣乎?"　　　왈 불우불구 사위지군자의호

子曰, "內省不疚, 夫何憂何懼?"　　　자왈 내성불구 부하우하구

5

司馬牛憂曰, "人皆有兄弟, 我獨亡."　　　사마우우왈 인개유형제 아독무

子夏曰, "商聞之矣, 死生有命,　　　자하왈 상문지의 사생유명

富貴在天.　　　부귀재천

君子敬而無失, 與人恭而有禮.　　　군자경이무실 여인공이유례

四海之內, 皆兄弟也,　　　사해지내 개형제야

君子何患乎無兄弟也?"　　　군자하환호무형제야

6

子張問明. 子曰, "浸潤之譖, 膚受之愬,　　　자장문명 자왈 침윤지참 부수지소

3

사마우 역시 진정한 인간의 길에 관해서 물었다.

공자께서 말씀하셨다. "말을 차마 해야 한다."

"말을 차마 하면 곧 그 길에 닿을 수 있습니까?"

"실천하기 어렵다. 말을 차마 할 수 있겠는가?"

4

사마우가 군자에 관해서 물었다.

공자께서 말씀하셨다. "군자는 걱정하지도 두려워하지도 않는다."

"걱정하지도 두려워하지도 않는다면 군자라고 할 수 있습니까?"

"스스로 돌아보고 허물이 없다면 무슨 걱정이 있으며 무엇을 두려워하겠느냐!"

5

사마우가 몹시 슬피 말했다. "다른 이들은 모두 형제가 있는데 나만 아무도 없구나!"

자하가 위로하며 말했다. "삶과 죽음은 운명이고, 부귀는 하늘의 뜻이라고 들었다. 군자가 다른 사람을 공경하고 실수를 하지 않으면서, 다른 사람에 공손하게 예를 갖추면 천하 모든 사람이 형제처럼 다가온다. 군자가 어찌 형제가 없다고 그리 걱정하는가!"

6

자장이 지혜에 관해서 여쭈었다. 공자께서 말씀하셨다. "나날이

不行焉, 可謂明也已矣.　　　　　　불행언 가위명야이의

浸潤之譖, 膚受之愬, 不行焉,　　　침윤지참 부수지소 불행언

可謂遠也已矣."　　　　　　　　　가위원야이의

7

子貢問政. 子曰, "足食, 足兵, 民信之矣."　자공문정 자왈 족식 족병 민신지의

子貢曰, "必不得已而去,　　　　자공왈 필부득이이거

於斯三者何先?"　　　　　　　　어사삼자하선

曰, "去兵." 子貢曰, "必不得已而去,　왈 거병 자공왈 필부득이이거

於斯二者何先?"　　　　　　　　어사이자하선

曰, "去食. 自古皆有死, 民無信不立.　왈 거식 자고개유사 민무신불립

8

棘子成曰, "君子質而已矣, 何以文爲?"　극자성왈 군자질이이의 하이문위

子貢曰, "惜乎, 夫子之說君子也!　자공왈 석호 부자지설군자야

駟不及舌. 文猶質也, 質猶文也.　사불급설 문유질야 질유문야

虎豹之鞹猶犬羊之鞹."　　　　　호표지곽유견양지곽

가해지는 모략과 피부를 찌르는 음해에 끌려가지 않으면 지혜롭다 할 수 있다. 만약 그렇게 할 수 있다면 어디 지혜뿐이겠는가? 인격이 더 높은 수준까지 올라간다."

7

자공이 정치에 대해 여쭈었다. 공자께서 말씀하셨다. "양식이 넉넉해야 하고 병사도 많아야 한다. 무엇보다도 백성에게 믿음을 주어야 한다."

자공이 다시 물었다. "부득이해서 이 중 하나를 포기해야 한다면 무엇을 먼저 버리시겠습니까?"

"병사!"

"남은 둘 중에서 무엇을 포기해야 합니까?"

"양식이다. 옛날부터 죽지 않은 사람은 없었다. 하지만 백성에게 신뢰를 받지 않으면 나라가 제대로 돌아가지 않는다."

8

극자성이 말했다. "군자는 속이 중요하지, 겉을 꾸밀 필요가 있는가?"

자공이 반박했다. "참 안됐다! 그대가 군자를 설명하는 것이……. 말 네 필이 끄는 마차도 혀를 따라잡지 못한다. 속은 겉이고, 겉은 속이다. (그대 말대로 겉으로 구분되지 않는다면) 호랑이, 표범 가죽이 개나 양가죽과 같은 것이 된다."

9

哀公問於有若曰, "年饑, 用不足,
如之何?"
有若對曰, "盍徹乎?" 曰, "二, 吾猶不足,
如之何其徹也?"
對曰, "百姓足, 君孰與不足? 百姓不足,
君孰與足?"

애공문어유약왈 연기 용부족
여지하
유약대왈 합철호 왈 이 오유부족
여지하기철야
대왈 백성족 군숙여부족 백성부족
군숙여족

10

子張問崇德辨惑.
子曰, "主忠信, 徙義, 崇德也.
愛之欲其生, 惡之欲其死.
旣欲其生, 又欲其死, 是惑也.
'誠不以富, 亦祗以異.'"

자장문숭덕변혹
자왈 주충신 사의 숭덕야
애지욕기생 오지욕기사
기욕기생 우욕기사 시혹야
성불이부 역지이이

11

齊景公問政於孔子. 孔子對曰,
"君君, 臣臣, 父父, 子子."
公曰, "善哉! 信如君不君, 臣不臣,

제경공문정어공자 공자대왈
군군 신신 부부 자자
공왈 선재 신여군불군 신불신

9

애공이 유약에게 물었다. "올해 흉년이 들어 세금이 모자랍니다. 어떻게 해야 합니까?"

유약이 대답했다. "철법이 있지 않습니까?"

"(수확량의) 10분의 2를 걷어도 모자라는데 어떻게 철법(10분 1)을 시행하라고 하십니까?"

"백성이 넉넉하면 임금이 부족할 리 없고, 백성이 궁핍한데도 임금이 풍족할 리 없습니다."

10

자장이 인품을 존중하면서 어리석음을 물리치려면 어떻게 해야 하는지 물었다.

공자께서 말씀하셨다. "진실과 신의를 원칙으로 삼고, 합리적 윤리를 실천하는 것이 인품을 받드는 것이다. (어떤 것을) 아끼면 그것이 잘 되기를 바라고, 싫어하면 그것이 못되기를 바란다. 잘되기를 바라면서 또 못되기를 바라니 이런 것이 바로 어리석음이다. (이런 노래가 있지) '진정 부자가 되지도 못하고, 다만 남에게 이상하게 비춰질 뿐이네'."

11

제 경공이 공자께 정치에 관해서 물었다. 공자께서 답변하셨다. "임금은 임금답게, 신하는 신하답게, 아비는 아비답게, 자식은 자식답게 행동해야 합니다."

父不父, 子不子, 雖有粟, 吾得而食諸?" 부불부 자부자 수유속 오득이식저

12

子曰, "片言可以折獄者, 其由也與?" 자왈 편언가이절옥자 기유야여
子路無宿諾. 자로무숙락

13

子曰, "聽訟, 吾猶人也. 必也使無訟乎!" 자왈 청송 오유인야 필야사무송호

14

子張問政. 子曰, "居之無倦, 行之以忠." 자장문정 자왈 거지무권 행지이충

15

子曰, "博學於文, 約之以禮, 자왈 박학어문 약지이례
亦可以弗畔矣夫!" 역가이불반의부

16

子曰, "君子成人之美, 不成人之惡. 자왈 군자성인지미 불성인지악

"정말 훌륭한 말씀입니다. 만약 임금이 임금답지 않고, 신하가 신하답지 않으며, 아비가 아비답지 않고, 자식이 자식답지 않으면 양식이 넉넉하더라도 목으로 넘어가겠습니까!"

12

공자께서 말씀하셨다. "한 마디로 재판을 공정하게 처리할 수 있는 사람은 유(자로)뿐이다." 자로는 결단하면 바로 실천했다.

13

공자께서 말씀하셨다. "재판은 나도 남들만큼 공정하게 처리할 자신이 있다. 하지만 (내가 정치를 맡으면) 송사가 아예 생기지 않도록 하겠다."

14

자장이 정치를 여쭈었다. 공자께서 말씀하셨다. "부지런히 제 할 일을 하고, 진실되게 행동해야 한다."

15

공자께서 말씀하셨다. "여러 분야를 두루 공부하고, 예를 기준으로 삼아 정리하고 실천하면 참된 길에서 크게 벗어나지 않는다."

16

공자께서 말씀하셨다. "큰 어른은 다른 사람의 장점을 키워주며

小人反是."　　　　　　　　　　소인반시

17

季康子問政於孔子. 孔子對曰,　　　계강자문정어공자 공자대왈
"政者, 正也. 子帥以正, 孰敢不正?"　정자 정야 자솔이정 숙감부정

18

季康子患盜, 問於孔子. 孔子對曰,　　계강자환도 문어공자 공자대왈
"苟子之不欲, 雖賞之不竊."　　　　구자지불욕 수상지부절

19

季康子問政於孔子曰, "如殺無道,　　계강자문정어공자왈 여살무도
以就有道, 何如?"　　　　　　　　이취유도 하여
孔子對曰, "子爲政, 焉用殺?　　　공자대왈 자위정 언용살
子欲善而民善矣.　　　　　　　　자욕선이민선의
君子之德風, 小人之德草. 草上之風,　군자지덕풍 소인지덕초 초상지풍
必偃."　　　　　　　　　　　　필언

20

子張問, "士何如斯可謂之達矣?"　　자장문 사하여사가위지달의

단점을 버리도록 한다. 못난이들은 이와 반대로 행동한다.”

17

계강자가 정치를 공자께 물으셨다. 공자가 답을 올렸다. “정치라
는 것은 (곧 군주가) 바르게 해야 한다는 뜻입니다. 군주가 올바르
다면 누가 감히 부정한 짓을 하겠습니까!”

18

계강자가 도둑을 걱정하면서 공자께 자문을 구했다. 공자께서 답
변했다. “당신께서 그런 짓을 하지 않으면 상을 주고 권해도 아무
도 도둑질을 하지 않을 것입니다.”

19

계강자가 정치를 공자께 물으면서 말씀하셨다. “법도를 따르지
않는 자를 본보기로 사형시켜 다른 사람이 법도를 지키게 하면
어떻습니까?”
공자께서 말씀하셨다. “당신께서는 정치를 하면서 어찌 사람을
죽일 생각을 먼저 하십니까? 당신께서 먼저 올바르게 살면 백성
은 저절로 따라옵니다. 리더는 바람이고 수하는 풀입니다. 풀 위
로 바람이 불면 풀은 자연스럽게 눕습니다.”

20

자장이 여쭈었다. “진정 배움에 뜻을 두고 어떻게 하면 통달했다

子曰, "何哉, 爾所謂達者?"
자왈 하재 이소위달자

子張對曰, "在邦必聞, 在家必聞."
자장대왈 재방필문 재가필문

子曰, "是聞也, 非達也.
자왈 시문야 비달야

夫達也者, 質直而好義, 察言而觀色,
부달야자 질직이호의 찰언이관색

慮以下人. 在邦必達, 在家必達.
여이하인 재방필달 재가필달

夫聞也者, 色取仁而行違, 居之不疑.
부문야자 색취인이행위 거지불의

在邦必聞, 在家必聞."
재방필문 재가필문

21

樊遲從遊於舞雩之下, 曰, "敢問崇德,
번지종유어무우지하 왈 감문숭덕

脩慝, 辨惑."
수특 변혹

子曰, "善哉問! 先事後得, 非崇德與?
자왈 선재문 선사후득 비숭덕여

攻其惡, 無攻人之惡, 非脩慝與?
공기악 무공인지악 비수특여

一朝之忿, 忘其身以及其親, 非惑與?"
일조지분 망기신이급기친 비혹여

22

樊遲問仁. 子曰, "愛人." 問知. 子曰,
번지문인 자왈 애인 문지 자왈

"知人." 樊遲未達.
지인 번지미달

는 평가를 받을 수 있습니까?"

공자께서 말씀하셨다. "네가 말하는 통달은 무슨 의미이냐?"

"집안이나 나라에서 명성을 얻는 것을 말합니다."

"그것은 명성이지 통달이 아니다. 통달한 이는 올곧음을 바탕으로 합리적 법칙을 존중한다. 말투와 표정을 살피면서 다른 사람을 배려한다. 이렇게 하면 가정이나 나라에서 통달했다는 평가를 받을 수 있다. 명성을 탐하는 자들은 겉으로 참된 인간인 척하면서 어긋나게 행동한다. 그러면서도 자신을 살필 줄 모른다. 게다가 집안이나 나라에서 명성을 얻으려고만 한다."

21

번지가 무우에서 산책하다 공자께 질문했다. "어떻게 하면 인격을 고양하고, (몹시 나쁜) 결점을 고치고, 어리석음을 떨칠 수 있습니까?"

공자께서 말씀하셨다. "질문이 매우 좋다! 실천을 먼저하고 결과가 따라오도록 하면 인격은 저절로 고양된다. 자신의 결점을 고치려고 하고 다른 사람의 결점을 다그치지 않는 것이 자기 결점을 고치는 길이다. 잠시면 사라질 화를 참지 못하고 자신이나 집안까지 망치는 것을 어리석음이라고 하지 않았는가?"

22

번지가 인간다움에 관해서 물었다. 공자께서 말씀하셨다. "진정 타인을 아껴야 한다."

子曰, "擧直錯諸枉, 能使枉者直."

자왈 거직조저왕 능사왕자직

樊遲退, 見子夏曰,

번지퇴 견자하왈

"鄕也吾見於夫子而問知,

향야오현어부자이문지

子曰, '擧直錯諸枉,

자왈 거직조저왕

能使枉者直', 何謂也?"

능사왕자직 하위야

子夏曰, "富哉言乎! 舜有天下,

자하왈 부재언호 순유천하

選於衆, 擧皐陶, 不仁者遠矣.

선어중 거고요 불인자원의

湯有天下, 選於衆, 擧伊尹,

탕유천하 선어중 거이윤

不仁者遠矣."

불인자원의

23

子貢問友. 子曰, "忠告而善道之,

자공문우 자왈 충곡이선도지

不可則止, 毋自辱焉."

불가즉지 무자욕언

24

曾子曰, "君子以文會友, 以友輔仁."

증자왈 군자이문회우 이우보인

또 슬기에 관해서 물었다. "타인을 진실로 이해하는 것이다."

번지가 말씀의 뜻을 이해하지 못하고 머뭇거렸다.

"정직한 사람을 등용해 부정한 사람을 통솔하게 해 부정한 사람을 곧게 만드는 것이다."

번지는 여전히 이해하지 못한 채 물러났다. 얼마 후 자하를 만났다. "전에 선생님을 뵙고 어떻게 하면 슬기로울 수 있는지 물었습니다. 선생님께서 '정직한 사람을 등용해 부정한 사람을 통솔하게 해 부정한 사람을 곧게 만드는 것이다'라고 하셨는데, 무슨 뜻입니까?"

자하가 말했다. "정말 말씀이 깊다! 순임금께서는 천하를 다스릴 때 군중에서 고요를 찾아 등용했더니 부정한 인물들이 떨어져 나갔다. 탕임금께서도 천하를 다스릴 때 이윤을 등용했더니 부정한 인물들이 멀어져 갔다."

23

자공이 친구를 어떻게 사귀냐 물었다. 공자께서 말씀하셨다. "친구가 잘못하면 열과 성을 다해 충고하고 그래도 고치지 않으면 그만두어 모욕을 당하지 말아야 한다."

24

증자가 말했다. "군자는 배움의 길에서 벗을 사귀고, 친구 같은 사회적 관계를 통해 더욱 인간다운 길을 걸어간다."

子路
第十三

1

子路問政. 子曰, "先之勞之." 請益.
曰, "無倦."

자로문정 자왈 선지노지 청익
왈 무권

2

仲弓爲季氏宰, 問政. 子曰, "先有司,
赦小過, 擧賢才."
曰, "焉知賢才而擧之?"
曰, "擧爾所知. 爾所不知, 人其舍諸?"

중궁위계씨재 문정 자왈 선유사
사소과 거현재
왈 언지현재이거지
왈 거이소지 이소부지 인기사저

3

子路曰, "衛君待子而爲政, 子將奚先?"
子曰, "必也正名乎!" 子路曰,
"有是哉, 子之迂也! 奚其正?"
子曰, "野哉, 由也! 君子於其所不知,
蓋闕如也. 名不正, 則言不順,
言不順, 則事不成, 事不成,
則禮樂不興, 禮樂不興, 則刑罰不中,
刑罰不中, 則民無所錯手足.

자로왈 위군대자이위정 자장해선
자왈 필야정명호 자로왈
유시재 자지우야 해기정
자왈 야재 유야 군자어기소부지
개궐여야 명부정 즉언불순
언불순 즉사불성 사불성
즉예악불흥 예악불흥 즉형벌부중
형벌부중 즉민무소조수족

1

자로가 정치를 물었다. 공자께서 말씀하셨다. "솔선수범하고 네가 더 많이 움직여라!"

자로가 더 말씀해달라고 하자 공자께서 말씀하셨다. "정치에 염증 내지 마라."

2

중궁이 계씨 가신의 수장이 되고서 정치를 여쭈었다.

공자께서 말씀하셨다. "먼저 자리에 맞는 사람을 뽑고 작은 실수는 그냥 넘어가라. 인품이 뛰어나고 재능있는 사람을 등용해라!"

"인품과 재능을 어떻게 알아보고 등용합니까?"

"우선 네가 아는 사람을 등용해라. 네가 모르는 사람은 다른 이들이 알아보고 먼저 등용한다."

3

자로가 여쭈었다. "위나라 군주가 선생님을 모시고 정치를 하려합니다. 선생님께서는 무엇을 제일 먼저 하시렵니까?"

공자께서 말씀하셨다. "반드시 명분을 바로 세우겠다."

자로가 말했다. "그것뿐입니까? 선생님은 실정을 전혀 모르시는 것 같습니다. 왜 명분을 바로 잡으려고 하십니까?"

"이런 촌뜨기 같은…… 유야! 리더라면 모르는 것에 대해 함부로 말하지 말아야 한다. 명분이 바로 서지 않으면 말에 조리가 없다. 말에 논리가 없으면 일이 이루어지지 않는다. 일이 성사되지 않으

故君子名之必可言也, 言之必可行也.
君子於其言, 無所苟而已矣."

고군자명지필가언야 언지필가행야
군자어기언 무소구이이의

4

樊遲請學稼. 子曰, "吾不如老農."
請學爲圃. 曰, "吾不如老圃." 樊遲出.
子曰, "小人哉, 樊須也! 上好禮,
則民莫敢不敬, 上好義,
則民莫敢不服, 上好信,
則民莫敢不用情. 夫如是,
則四方之民襁負其子而至矣,
焉用稼?"

번지청학가 자왈 오불여노농
청학위포 왈 오불여노포 번지출
자왈 소인재 번수야 상호례
즉민막감불경 상호의
즉민막감불복 상호신
즉민막감불용정 부여시
즉사방지민강부기자이지의
언용가

5

子曰, "誦詩三百, 授之以政, 不達,
使於四方,
不能專對, 雖多, 亦奚以爲?"

자왈 송시삼백 수지이정 부달
시어사방
불능전대 수다 역해이위

면 예악을 일으킬 수 없다. 예악이 흥성하지 않으면 형벌이 공평하지 않게 된다. 형벌을 공평하게 집행하지 않으면 백성이 손발을 둘 곳이 없다. 그래서 리더는 명분을 바로 세워 말의 조리가 서게 하며, 말을 타당하게 해 반드시 행동을 끌어낸다. 리더는 말을 부정확하게 해서는 안 된다."

4

번지가 농사짓는 것을 물었다.

공자께서 말씀하셨다. "나는 늙은 농부보다 못하다."

또 밭농사에 관해서 물었다. "내가 어찌 경험 많은 농부보다 많이 알겠는가!"

번지가 물러나자 공자께서 말씀하셨다. "저 번수는 못난 놈이다. 지도층이 예법을 좋아하면 백성은 모두 공손해진다. 지도층이 합리적 기준을 좋아하면 백성은 저절로 복종한다. 지도층이 약속을 지키면 백성은 진심으로 따른다. 리더가 이렇게 한다면 천하 백성들이 아기를 업고 제 발로 찾아올 것이다. 그들이 농사를 지을 것인데 리더가 농사를 알아서 무엇하겠는가!"

5

공자께서 말씀하셨다. "시 300편을 줄줄 외웠다고 하는데 정치를 맡기면 서툴고, 다른 나라에 사신을 보냈는데 혼자 제대로 처리하지 못한다면 외운 게 도대체 무슨 소용이 있는가?"

6

子曰, "其身正, 不令而行, 其身不正,　　자왈 기신정 불령이행 기신부정
雖令不從."　　　　　　　　　　　　　수령부종

7

子曰, "魯衛之政, 兄弟也."　　　　　자왈 노위지정 형제야

8

子謂衛公子荊, "善居室. 始有,　　　자위위공자형 선거실 시유
曰, '苟合矣.' 少有,　　　　　　　　왈 구합의 소유
曰, '苟完矣.' 富有, 曰, '苟美矣.'"　왈 구완의 부유 왈 구미의

9

子適衛, 冉有僕. 子曰, "庶矣哉!"　자적위 염유복 자왈 서의재
冉有曰, "旣庶矣, 又何加焉?"　　　염유왈 기서의 우하가언
曰, "富之." 曰, "旣富矣, 又何加焉?"　왈 부지 왈 기부의 우하가언
曰, "敎之."　　　　　　　　　　　왈 교지

10

子曰, "苟有用我者, 期月而已可也,　자왈 구유용아자 기월이이가야

6

공자께서 말씀하셨다. "리더가 바르게 행동하면 명령을 내리지 않더라도 백성은 따른다. 리더가 바르지 않다면 아무리 명령을 내려도 따르지 않는다."

7

공자께서 말씀하셨다. "노나라와 위나라 정치는 형제처럼 비슷하다."

8

공자께서 위나라 공자 형을 평가해서 말을 했다. "집안 관리를 잘했지! 처음 재산이 좀 모이자 '이 정도면 되겠지'라 하고, 더 늘어나자 '이 정도면 충분하지'라 하고, 부자가 되자 '이 정도면 매우 훌륭하지'라고 했다고 한다."

9

공자께서 위나라로 가실 때 염유가 시중을 들었다.
"사람이 많구나!"
염유가 물었다. "인구가 늘었다면 다음 무엇을 해야 합니까?" "풍족하게 해주어야지!"
"그다음은 또 어떻게 해야 합니까?" "가르쳐야지!"

10

공자께서 말씀하셨다. "나를 등용해준다면 1년 안에 상당한 성과

三年有成.”   삼년유성

11

子曰, “‘善人爲邦百年,   자왈 선인위방백년
亦可以勝殘去殺矣.’ 誠哉是言也!”   역가이승잔거살의 성재시언야

12

子曰, “如有王者, 必世而後仁.”   자왈 여유왕자 필세이후인

13

子曰, “苟正其身矣, 於從政乎何有?   자왈 구정기신의 어종정호하유
不能正其身, 如正人何?”   불능정기신 여정인하

14

冉子退朝. 子曰, “何晏也?”   염자퇴조 자왈 하안야
對曰, “有政.”   대왈 유정
子曰, “其事也. 如有政, 雖不吾以,   자왈 기사야 여유정 수불오이
吾其與聞之.”   오기여문지

를 낼 것이며 3년 안에 거의 완벽한 나라를 만들 자신이 있다."

11

공자께서 말씀하셨다. "'유능한 사람이 백 년을 이어 나라를 다스
린다면 폭력과 살인이 나라 안에서 사라진다'라는 말이 있는데,
참으로 이 말은 좋다."

12

공자께서 말씀하셨다. "제대로 된 임금이 한 세대만 다스려도 백
성의 인심은 넉넉해질 것이다."

13

공자께서 말씀하셨다. "리더가 처신을 바르게 한다면 정치하는데
무슨 어려움이 있겠는가! 자기 처신도 제대로 못 하면서 어떻게
다른 사람을 바르게 이끌 수 있겠는가!"

14

염유가 퇴궐하자 공자께서 물으셨다. "어찌 이렇게 늦었느냐?"
"급한 정무가 있었습니다."
"사소한 일이겠지. 중요한 정치적 문제라면 내가 비록 현직에 없
더라도 반드시 나에게 자문을 구하러 왔겠지!"

15

定公問, "一言而可以興邦, 有諸?"　　　　정공문 일언이가이흥방 유저

孔子對曰, "言不可以若是其幾也.　　　　공자대왈 언불가이약시기기야

人之言曰, '爲君難, 爲臣不易.'　　　　인지언왈 위군난 위신불이

如知爲君之難也,　　　　여지위군지난야

不幾乎一言而興邦乎?"　　　　불기호일언이흥방호

曰, "一言而喪邦, 有諸?"　　　　왈 일언이상방 유저

孔子對曰, "言不可以若是其幾也.　　　　공자대왈 언불가이약시기기야

人之言曰, '予無樂乎爲君,　　　　인지언왈 여무락호위군

唯其言而莫予違也.'　　　　유기언이막여위야

如其善而莫之違也, 不亦善乎?　　　　여기선이막지위야 불역선호

如不善而莫之違也,　　　　여불선이막지위야

不幾乎一言而喪邦乎?"　　　　불기호일언이상방호

16

葉公問政. 子曰, "近者說, 遠者來."　　　　섭공문정 자왈 근자열 원자래

17

子夏爲莒父宰, 問政. 子曰, "無欲速,　　　　자하위거보재 문정 자왈 무욕속

無見小利.　　　　무견소리

欲速, 則不達, 見小利, 則大事不成."　　　　욕속 즉부달 견소리 즉대사불성

정공이 물으셨다. "나라를 일으켜 세울 수 있는 좋은 말씀 한 마디만 해 주실 수 있습니까?"

공자께서 답변했다. "말 한 마디로 그렇게 할 수 없을 것입니다만 흔히들 '왕 노릇 하기 어렵고 신하 노릇 하기도 쉽지 않네'라고 합니다. 만약 임금 노릇을 하는 것이 어렵다는 이 말만 기억하셔도 나라를 일으켜 세울 수도 있을 것입니다."

"나라를 잃지 않으려면 반드시 피해야 할 말이 있습니까?"

"말 한 마디로 그렇게 할 수 없을 것입니다만 '나는 임금 노릇을 하는 것은 재미가 없고 내 말을 어기지 않기를 바란다'라는 사람이 있습니다. 임금 말이 사리에 맞아서 거역하지 않는 것은 괜찮지만, 임금 말이 그른데도 그대로 따르면 잘못된 것이 아니겠습니까? 이 한 마디로 나라를 잃을 수도 있을 것입니다."

16

섭공이 정치를 물으셨다. 공자께서 말씀하셨다. "가까이 있는 사람들을 즐겁게 해주고 멀리 있는 사람이 스스로 찾아오게 만들어야 합니다."

자하가 거보를 관리하는 책임자가 되면서 공자께 정치에 관해서 물었다.

공자께서 말씀하셨다. "서둘지 말고, 작은 이익을 탐하지 마라. 서

18

葉公語孔子曰, "吾黨有直躬者,
其父攘羊, 而子證之."
孔子曰, "吾黨之直者異於是,
父爲子隱, 子爲父隱, 直在其中矣."

섭공어공자왈 오당유직궁자
기부양양 이자증지
공자왈 오당지직자이어시
부위자은 자위부은 직재기중의

19

樊遲問仁. 子曰, "居處恭, 執事敬,
與人忠.
雖之夷狄, 不可棄也."

번지문인 자왈 거처공 집사경
여인충
수지이적 불가기야

20

子貢問曰, "何如斯可謂之士矣?"
子曰, "行己有恥, 使於四方,
不辱君命, 可謂士矣." 曰, "敢問其次."
曰, "宗族稱孝焉, 鄉黨稱弟焉."
曰, "敢問其次."
曰, "言必信, 行必果, 硜硜然小人哉!

자공문왈 하여사가위지사의
자왈 행기유치 시어사방
불욕군명 가위사의 왈 감문기차
왈 종족칭효언 향당칭제언
왈 감문기차
왈 언필신 행필과 경경연소인재

두르면 목표를 달성하지 못하고 작은 이익을 탐하면 큰일을 이루지 못한다."

18

섭공이 공자에게 자랑했다. "우리 마을에 진짜 정직한 사람이 있습니다. 아비가 양을 훔치자 아들이 고발했습니다."

공자께서 말씀하셨다. "우리 동네에서 정직하다는 말은 다를 때 씁니다. 아비가 자식을, 자식이 아비를 숨겨 줄 때 정직하다고 합니다."

19

번지가 어떻게 하면 참된 사람이 될 수 있는지 물었다.

공자께서 말씀하셨다. "평소에 공손하게 행동하고, 신중하게 일을 처리하고, 다른 사람을 대할 때 진실해야 한다. 설령 오랑캐 땅에 가더라도 이런 자세를 잊어서는 안 된다."

20

자공이 여쭈었다. "어떤 관리가 유능합니까?"

공자께서 말씀하셨다. "부끄러운 듯이 조심조심 행동하고, 타국에 사신 가서도 임금을 욕되지 않게 한다면 유능한 관리라고 평가할 수 있다."

"그 아래는 무엇입니까?"

"온 집안에서 효자라고 칭찬하고, 가는 곳마다

抑亦可以爲次矣."
억역가이위차의

曰, "今之從政者何如?"
왈 금지종정자하여

子曰, "噫! 斗筲之人, 何足算也?"
자왈 희 두소지인 하족산야

21

子曰, "不得中行而與之, 必也狂狷乎!
자왈 부득중행이여지 필야광견호

狂者進取, 狷者有所不爲也."
광자진취 견자유소불위야

22

子曰, "南人有言曰, '人而無恒,
자왈 남인유언왈 인이무항

不可以作巫醫.'
불가이작무의

善夫!" "不恒其德, 或承之羞."
선부 불항기덕 혹승지수

子曰, "不占而已矣."
자왈 부점이이의

23

子曰, "君子和而不同, 小人同而不和."
자왈 군자화이부동 소인동이불화

공손하다고 칭찬받는 인물이다."

"그다음을 묻습니다."

"한 말을 반드시 지키려 하고, 과감하게 실천하려는 인물인데 깐 깐해 못난 놈처럼 보이지만 어느 정도 수준이 된다."

"지금 정치하는 이들은 어떻습니까?"

"아! 그릇이 한두 됫박도 안 되는데 논할 것도 없다.!"

21

공자께서 말씀하셨다. "중용을 실천하는 사람을 만날 수 없다면 차라리 광자나 견자와 같이 갈 것이다! 광자는 진취적이고, 견자 는 행동을 가려서 하지 않는 것도 있기 때문이다."

22

공자께서 말씀하셨다. "남녘 사람들이 '사람이 한결같지 않으면 무당이나 의원이 되어서는 안 된다'라고 하는데, 좋은 말이다." (『주역』에서) '변덕이 심하면 모욕을 당한다'라고 했다. 이에 대해 공자께서 말씀하셨다. "한결 같지 않은 사람은 점을 쳐서는 안 된 다."

23

공자께서 말씀하셨다. "군자는 다른 사람과 잘 어울리면서도 무 리를 짓지 않는다. 소인은 무리를 지으면서도 다른 사람과 잘 어 울리지 못한다."

24

子貢問曰, “鄕人皆好之, 何如?”　　　　자공문왈 향인개호지 하여

子曰, “未可也.”“鄕人皆惡之, 何如?”　　자왈 미가야 향인개오지 하여

子曰, “未可也, 不如鄕人之善者好之,　자왈 미가야 불여향인지선자호지

其不善者惡之.”　　　　　　　　　　기불선자오지

25

子曰, “君子易事而難說也.　　　　　　자왈 군자이사이난열야

說之不以道, 不說也, 及其使人也,　　열지불이도 불열야 급기사인야

器之.　　　　　　　　　　　　　　　기지

小人難事而易說也. 說之雖不以道,　　소인난사이이열야 열지수불이도

說也, 及其使人也, 求備焉.”　　　　　열야 급기사인야 구비언

26

子曰, “君子泰而不驕, 小人驕而不泰.”　자왈 군자태이불교 소인교이불태

27

子曰, “剛, 毅, 木, 訥, 近仁.”　　　　자왈 강 의 목 눌 근인

24

자공이 여쭈었다. "동네 사람들이 모두 좋아한다면 (그 사람을) 어떻게 평가해야 합니까?"

공자께서 말씀하셨다. "그래서는 사람을 평가할 수 없다."

"그럼 동네 사람들이 모두 싫어하면 어떻습니까?"

"그렇지 않다. 동네 사람 중에 선한 사람이 좋아하고 못된 사람이 싫어해야 그 사람을 훌륭하다고 단정할 수 있다."

25

공자께서 말씀하셨다. "군자는 섬기기 쉬우나 기쁘게 해드리기는 어렵다. 참된 도리를 이야기하지 않으면 좋아하지 않기 때문이다. 또 군자는 능력에 따라 일을 맡긴다. 소인은 모시기 어렵지만, 마음을 맞추기는 쉽다. 도리가 아닌 것을 이야기해도 좋아하기 때문이다. 소인은 사람에게 일을 맡기면서 완벽하게 해내기를 바란다."

26

공자께서 말씀하셨다. "군자는 그릇이 크고 느긋하지만 교만하지 않다. 소인은 교만하면서도 그릇이 작고 여유가 없다."

27

공자께서 말씀하셨다. "강인하고 굳세면서 한편 질박하고 말을 조심스럽게 한다면 인격이 매우 높은 사람이다."

28

子路問曰, "何如斯可謂之士矣?"　　자로문왈 하여사가위지사의

子曰, "切切偲偲, 怡怡如也,　　자왈 절절시시 이이여야

可謂士矣. 朋友切切偲偲, 兄弟怡怡."　　가위사의 붕우절절시시 형제이이

29

子曰, "善人教民七年, 亦可以卽戎矣."　　자왈 선인교민칠년 역가이즉융의

30

子曰, "以不敎民戰, 是謂棄之."　　자왈 이불교민전 시위기지

28

자로가 물었다. "어떻게 처신해야 '탁월하다' 평가할 수 있습니까?"
공자께서 말씀하셨다. "친구에게 강하게 질책하면서 같이 성장하고
형제와 원만하게 지내는 인물이라면 '탁월하다' 평가할 수 있다."

29

공자께서 말씀하셨다. "반드시 뛰어난 사람이 백성을 7년 정도는
가르치고서 전쟁터에 보내야 한다."

30

공자께서 말씀하셨다. "가르치지도 않고 백성을 전장으로 내모는
것을 두고 백성을 '버린다'고 한다."

憲問
第十四

1

憲問恥. 子曰, "邦有道, 穀, 邦無道,
穀, 恥也."
"克伐怨欲不行焉, 可以爲仁矣?"
子曰, "可以爲難矣, 仁則吾不知也."

헌문치 자왈 방유도 곡 방무도
곡 치야
극벌원욕불행언 가이위인의
자왈 가이위난의 인즉오부지야

2

子曰, "士而懷居, 不足以爲士矣."

자왈 사이회거 부족이위사의

3

子曰, "邦有道, 危言危行, 邦無道,
危行言孫."

자왈 방유도 위언위행 방무도
위행언손

4

子曰, "有德者必有言,
有言者不必有德.
仁者必有勇, 勇者不必有仁."

자왈 유덕자필유언
유언자불필유덕
인자필유용 용자불필유언

1

원헌이 부끄러움이 무엇인지 물었다.

공자께서 말씀하셨다. "나라가 정상적으로 돌아갈 때 벼슬하는 것은 괜찮지만, 나라가 혼란할 때 벼슬하는 것은 부끄러운 짓이다."

"남을 이기려 하지 않고, 자기 공을 과시하지 않으며, 사소한 일로 남을 원망하지 않고, 욕심내지 않으면 품격 높은 사람이라고 할 수 있습니까?"

"그렇게 하기는 어렵다. 하지만 그것만으로 고매한 인격이라고 해야 할지 모르겠다."

2

공자께서 말씀하셨다. "큰 뜻을 품고도 작은 데 안주한다면 진정 큰 뜻을 품은 것이 아니다."

3

공자께서 말씀하셨다. "나라에 도가 있으면 대담하게 말하고 과감하게 행동해야 한다. 나라에 도가 없다면 말을 조심하고 몸을 사리면서 행동해야 한다."

4

공자께서 말씀하셨다. "인품이 고결한 사람은 반드시 좋은 말을 한다. 좋은 말을 한다고 해서 반드시 인품이 고결한 것은 아니다. 어진 이는 반드시 용감하지만, 용감하다고 해서 반드시 어질지는

5

南宮适問於孔子曰, "羿善射, 奡盪舟,
俱不得其死然. 禹稷躬稼而有天下."
夫子不荅. 南宮适出,
子曰, "君子哉若人! 尙德哉若人!"

남궁괄문어공자왈 예선사 오탕주
구부득기사연 우직궁가이유천하
부자부답 남궁괄출
자왈 군자재약인 상덕재약인

6

子曰, "君子而不仁者有矣夫,
未有小人而仁者也."

자왈 군자이불인자유의부
미유소인이인자야

7

子曰, "愛之, 能勿勞乎? 忠焉,
能勿誨乎?"

자왈 애지 능물로호 충언
능물회호

8

子曰, "爲命, 裨諶草創之,
世叔討論之, 行人子羽脩飾之,
東里子産潤色之."

자왈 위명 비심초창지
세숙토론지 행인자우수식지
동리자산윤색지

않다."

5

남궁괄이 공자께 질문했다. "예는 명사수였고, 오는 육지에서 배를 끌만큼 장사였지만 제명대로 살지 못했습니다. 반면 우임금과 직임금은 몸소 농사지으면서 천하를 차지했다고 합니다."

선생님께서 아무 말씀을 하시지 않으셨다.

남궁괄이 나가자 비로소 말씀하셨다. "진정 군자구나! 이 사람은! 진정 고결한 인품을 존경하는구나! 이 사람은!"

6

공자께서 말씀하셨다. "군자가 때론 어질지 않을 때도 있지만, 소인이면서 어진 경우는 없다."

7

공자께서 말씀하셨다. "진정 아낀다면 그를 위해 수고를 다하지 않을 수 있겠는가? 진실한 관계를 맺고 싶다면 가르쳐주지 않을 수 있겠는가!"

8

공자께서 말씀하셨다. "(정나라)에서 외교문서를 작성할 때 비침이 초고를 썼고, 세숙이 검토했으며, 행인 자우가 교정을 보았고, 동리 자산이 윤문했다."

9

或問子産. 子曰, "惠人也." 問子西.
曰, "彼哉! 彼哉!"
問管仲. 曰, "人也. 奪伯氏駢邑三百,
飯疏食, 沒齒無怨言."

혹문자산 자왈 혜인야 문자서
왈 피재 피재
문관중 왈 인야 탈백씨병읍삼백
반소사 몰치무원언

10

子曰, "貧而無怨難, 富而無驕易."

자왈 빈이무원난 부이무교이

11

子曰, "孟公綽爲趙魏老則優,
不可以爲滕薛大夫."

자왈 맹공작위조위로즉우
불가이위등설대부

12

子路問成人. 子曰, "若臧武仲之知,
公綽之不欲, 卞莊子之勇, 冉求之藝,
文之以禮樂, 亦可以爲成人矣."

자로문성인 자왈 약장무중지지
공작지불욕 변장자지용 염구지예
문지이예악 역가이위성인의

9

어떤 사람이 자산에 관해서 물었다.

공자께서 말씀하셨다. "백성에게 혜택을 많이 준 사람이다."

또 자서는 어떤 사람인지 물었다.

"그 사람은, 그 사람은……."

다시 관중은 어떤지 물었다.

"인물이다. 백씨의 죄를 물어 영지 삼백 호를 빼앗는데 백씨는 거친 밥을 먹으면서도 죽을 때까지 관중을 원망하지 않았다고 한다."

10

공자께서 말씀하셨다. "가난하면서 원망이 없기는 어렵고, 부유하면서 교만하지 않기는 쉽다."

11

공자께서 말씀하셨다. "맹공작은 조나라와 위나라 같은 큰 나라에서 가신 정도 자리가 적당한 인물이다. 등나라, 설나라 같이 나라가 작더라도 대부를 맡길 만한 그릇은 아니다."

12

자로가 어떻게 하면 '완벽하다' 평가를 받을 수 있는지 물었다.

공자께서 말씀하셨다. "장무중의 지혜, 맹공작의 무욕, 변장자의 용기, 염구의 재능을 다 갖추고 거기에다 예법을 지키고, 음악처

曰, "今之成人者何必然?

見利思義, 見危授命,

久要不忘平生之言,

亦可以爲成人矣."

왈 금지성인자하필연

견리사의 견위수명

구요불망평생지언

역가이위성인의

13

子問公叔文子於公明賈曰, "信乎,

夫子不言, 不笑, 不取乎?"

公明賈對曰, "以告者過也.

夫子時然後言, 人不厭其言,

樂然後笑, 人不厭其笑, 義然後取,

人不厭其取." 子曰, "其然? 豈其然乎?"

자문공숙문자어공명가왈 신초

부자불언 불소 불취호

공명가대왈 이고자과야

부자시연후언 인불염기언

낙연후소 인불염기소 의연후취

인불염기취 자왈 기연 기기연호

14

子曰, "臧武仲以防求爲後於魯,

雖曰不要君, 吾不信也."

자왈 장무중이방구위후어로

수왈불요군 오불신야

럼 형식도 잘 갖추어야 한다. 그럼 완벽하다는 평가를 들을 수 있다." 이어서 말씀하셨다. "지금 완벽한 사람이라고 하면 꼭 그럴 필요까지 없다. 뜻밖의 소득이 생기면 문제가 없는지 살펴보고, 나라가 위태로우면 목숨을 바칠 줄 알며, 오래 가난하게 살아도 평소의 약속을 저버리지 않으면 완벽하다고 할 수 있지 않을까?"

13

공자께서 위나라 대부 공숙문자에 관해서 공명가에게 물었다. "참말인가! 선생께서는 말씀도 하시지 않고, 웃지도 않으시며, 받지도 않으셨다고 하던데?"

공명가가 대답했다. "말을 전하는 사람이 과장한 것 같습니다. 선생님께서는 적절할 때 말씀하시니 다른 사람이 그 말씀을 싫어하지 않는 것 같습니다. 진정 즐거워야 웃으므로 사람들이 그 웃음을 기분 나빠 하지 않는 것 같습니다. 합리적 이유가 있어야 받으시니 그것을 싫어하는 사람들이 없는 것 같습니다."

공자께서 말씀하셨다. "그런가? 그럴 수가 있는가?"

14

공자께서 말씀하셨다. "대부 장문중은 망명하면서 방읍을 점거하고 우리 군왕께 자기 사람을 후계자로 세워달라고 요구하면서 '나는 임금을 협박한 적이 없다'고 했는데, 나는 그 말을 믿지 않는다."

15

子曰, "晉文公譎而不正,
齊桓公正而不譎."

자왈 진문공휼이부정
제환공정이불휼

16

子路曰, "桓公殺公子糾, 召忽死之,
管仲不死."
曰, "未仁乎?" 子曰, "桓公九合諸侯,
不以兵車, 管仲之力也. 如其仁,
如其仁."

자로왈 환공살공자규 소홀사지
관중불사
왈 미인호 자왈 환공구합제후
불이병거 관중지력야 여기인
여기인

17

子貢曰, "管仲非仁者與?
桓公殺公子糾, 不能死, 又相之."
子曰, "管仲相桓公, 霸諸侯,
一匡天下, 民到于今受其賜.
微管仲, 吾其被髮左衽矣.
豈若匹夫匹婦之爲諒也,
自經於溝瀆而莫之知也?"

자공왈 관중비인자여
환공살공자규 불능사 우상지
자왈 관중상환공 패제후
일광천하 민도우금수기사
미관중 오기피발좌임의
기약필부필부지위량야
자경어구독이막지지야

15

공자께서 말씀하셨다. "진나라 문공은 음흉하고 곧지 않았으며, 제나라 환공은 곧고 음흉하지 않았다."

16

자로가 여쭈었다. "제나라 환공이 경쟁자인 공자 규를 죽였을 때 (규를 관중과 같이 모시던) 소홀을 따라 죽었지만, 관중은 그렇지 않았습니다. 관중을 제대로 된 사람이라고 평할 수 있습니까?"
공자께서 말씀하셨다. "제나라 환공이 군사를 쓰지 않고 천하를 아홉 번 제패할 수 있었던 것은 관중의 능력 덕분이다. 그만한 사람이 어디 있느냐? 그만한 사람이 어디 있느냐?"

17

자공이 물었다. "관중은 인격이 훌륭하다고 평가할 수 있습니까? 제 환공이 (관중이 모시던) 공자 규를 죽였는데도 같이 죽기는커녕 오히려 제 환공 밑에서 재상을 맡았습니다."
공자께서 말씀하셨다. "관중이 환공을 보좌하자 환공은 제후의 패자가 되어 천하를 바로 잡을 수 있었다. 백성은 지금까지 그 은택을 입고 있다. 관중이 아니었다면 우리는 오랑캐처럼 머리를 깎고 문신을 새기며 옷깃을 왼쪽으로 여미고 있을 것이다. 필부들이 작은 신의를 지키려다 도랑에서 목을 매고 세상을 저버려 아무도 알아주지 않는 것과 어찌 같겠는가?"

18

公叔文子之臣大夫僎與文子
同升諸公. 子聞之, 曰, "可以爲文矣."

공숙자문지신대부선여문자
동승제공 자문지 왈 가이위문의

19

子言衛靈公之無道也,
康子曰, "夫如是, 奚而不喪?"
孔子曰, "仲叔圉治賓客, 祝鮀治宗廟,
王孫賈治軍旅. 夫如是, 奚其喪?"

자언위령공지무도야
강자왈 부여시 해이불상
공자왈 중숙어치빈객 축타치종묘
왕손가치군려 부여시 해기상

20

子曰, "其言之不怍, 則爲之也難."

자왈 언기지부작 즉위지야난

21

陳成子弒簡公. 孔子沐浴而朝,
告於哀公曰, "陳恒弒其君, 請討之."
公曰, "告夫三子!"
孔子曰, "以吾從大夫之後, 不敢不告也.
君曰告夫三子者!"
之三子告, 不可.

진성자시간공 공자목욕이조
고어애공왈 진항시기군 청토지
공왈 고부삼자
공자왈 이오종대부지후 불감불고야
군왈고부삼자자
지삼자고 불가

공숙문자는 자기 가신이었던 대부 선을 천거해 자기와 같은 자리까지 오르게 했다. 공자께서 이야기를 듣고 "(공숙문자는) 시호를 문이라고 받을 만하다"라고 평가하셨다.

19

공자께서 위나라 영공은 무도하다고 평가하셨다. 계강자가 물었다. "그런데도 어떻게 왕위에서 쫓겨나지 않았습니까?"

공자께서 말씀하셨다. "중숙어가 빈객을 맞이하고, 축타가 종묘제사를 담당하고, 왕손가가 국방을 맡았다. (이런 훌륭한 신하가) 왕을 보좌했으니 자리를 지킬 수 있었다."

공자께서 말씀하셨다. "말을 부끄럼 없이 함부로 한다면, 실천하기 어렵다."

진성자가 제나라 간공을 시해했다. 공자께서 목욕하고 조정에 나가 애공께 고했다. "진항(진성자)이 자기 군주를 시해하였으니, 토벌하셔야 합니다."

애공이 말했다. "계손, 숙손, 맹손에게 가서 말씀하시오!"

공자께서 나오시면서 말씀하셨다. "대부는 모시고 있어 (신하로서) 왕께 말씀드리지 않을 수 없었다. 임금께서 '삼환에게 가서 말하

孔子曰, "以吾從大夫之後, 不敢不告也." 공자왈 이오종대부지후 불감불고야

22

子路問事君. 子曰, "勿欺也, 而犯之." 자로문사군 자왈 물기야 이범지

23

子曰, "君子上達, 小人下達." 자왈 군자상달 소인하달

24

子曰, "古之學者爲己, 今之學者爲人." 자왈 고지학자위기 금지학자위인

25

蘧伯玉使人於孔子. 거백옥사인어공자

孔子與之坐而問焉, 曰, "夫子何爲?" 공자여지좌이문언 왈 부자하위

對曰, "夫子欲寡其過而未能也." 대왈 부자욕과기과이미능야

使者出. 子曰, "使乎! 使乎!" 사자출 자왈 사호 사호

라'라고 하시는구나!"

삼환을 차례로 찾아가서 상황을 이야기했다. 모두 안 된다고 했다. 공자께서 말씀하셨다. "내가 대부를 모시고 있어 삼환에게 말하지 않을 수 없었다."

22

자로가 군주를 어떻게 섬기는지 물었다. 공자께서 말씀하셨다. "속이지 말고 직접 간해라"

23

공자께서 말씀하셨다. "군자는 고매한 길로 통하고, 소인은 하찮은 것에 집착한다."

24

공자께서 말씀하셨다. "옛날 배움을 추구했던 이들은 진정 자기 발전을 도모했고, 요즘 공부하는 이들은 남에게 잘 보이려 하거나 자기 영달만 좇는다."

25

위나라 대부 거백옥이 사람을 보내 공자의 안부를 물었다. 공자께서 자리를 내어 주시며 같이 앉으시고는 물으셨다. "선생께서 요즘 어떻게 지내시는가?"

그가 대답했다. "대부께서는 실수를 줄이려고 노력하시지만, 아

26

子曰, "不在其位, 不謀其政."
曾子曰, "君子思不出其位."

자왈 부재기위 부모기정
증자왈 군자사불출기위

27

子曰, "君子恥其言而過其行."

자왈 군자치기언이과기행

28

子曰, "君子道者三, 我無能焉,
仁者不憂, 知者不惑, 勇者不懼."
子貢曰, "夫子自道也."

자왈 군자도자삼 아무능언
인자불우 지자불혹 용자불구
자공왈 부자자도야

29

子貢方人. 子曰, "賜也賢乎哉?
夫我則不暇."

자공방인 자왈 사야현호재
부아즉불가

직 잘 안 되는 것 같습니다." 사자가 돌아갔다.

공자께서 말씀하셨다. "훌륭한 사자구나! 훌륭한 사자야!"

26

공자께서 말씀하셨다. "제 자리가 아니라면 다른 사람 일에 참견하지 말아야 한다."

이 말을 듣고 증자가 덧붙였다. "참된 사람이라면 제 분수(직위)를 넘어서는 것을 생각하지 않는다."

27

공자께서 말씀하셨다. "진정한 리더는 행동보다 말이 앞서는 것을 부끄러워한다."

28

공자께서 말씀하셨다. "진정한 인간의 길은 세 가지 있는데 나는 모두 잘하지 못한다. 품격이 있다면 근심이 없고, 슬기롭다면 잘못된 길로 빠지지 않고, 용감하면 무엇이든 두렵지 않다고 한다."

자공이 말했다. "당신 자신을 두고 하신 말씀이다."

29

자공은 자주 인물평을 했다. 공자께서 나무라셨다. "사야! 너는 뛰어나서 시간이 많구나! 나는 그럴 틈이 없다."

30

子曰, "不患人之不己知, 患其不能也."　자왈 불환인지불기지 환기불능야

31

子曰, "不逆詐, 不億不信, 抑亦先覺者,　자왈 불역사 불억불신 억역선각자
是賢乎!"　시현호

32

微生畝謂孔子曰, "丘何爲是栖栖者與?　미생무위공자왈 구하위시서서자여 무
無乃爲佞乎?"　내위녕호
孔子曰, "非敢爲佞也, 疾固也."　공자왈 비감위녕야 질고야

33

子曰, "驥不稱其力, 稱其德也."　자왈 기불칭기력 칭기덕야

34

或曰, "以德報怨, 何如?"　혹왈 이덕보원 하여
子曰, "何以報德? 以直報怨, 以德報德."　자왈 하이보덕 이직보원 이덕보덕

30

공자께서 말씀하셨다. "나를 알아주지 않는다고 애달파 하지 말고, 내가 부족한 것을 (죽을병에 걸린 듯이) 아파해야 한다."

31

공자께서 말씀하셨다. "나를 속일까 넘겨짚지 말고, 나를 불신한다고 억측하지 않으면서 멀리 내다본다면 정말 현명한 사람이 아닌가!"

32

미생무가 공자에게 말씀하셨다. "구(공자) 자네는 무엇하러 그렇게 바쁘게 돌아다니며 유세하는가? 혹시 말재주를 뽐내려 하는 것은 아닌가?"
공자가 대답했다. "제가 어찌 말재주를 자랑하려 하겠습니까? 그저 변하지 않는 세상이 싫을 뿐입니다."

33

공자께서 말씀하셨다. "천리마라도 그 능력을 칭찬하는 것이 아니라 그 품성을 칭찬한다."

34

어떤 이가 공자께 여쭈었다. "인덕으로 원한을 갚으면 어떻습니까?"
공자께서 말씀하셨다. "그러면 인덕을 어떻게 보답하겠는가? 올

35

子曰, "莫我知也夫!   자왈 막아지야부

子貢曰, "何爲其莫知子也?"   자공왈 하위기막지자야

子曰, "不怨天, 不尤人, 下學而上達.   자왈 불원천 불우인 하학이상달

知我者其天乎!"   지아자기천호

36

公伯寮愬子路於季孫. 子服景伯以告,   공백료소자로어계손 자복경백이고

曰, "夫子固有惑志於公伯寮,   왈 부자고유혹지어공백료

吾力猶能肆諸市朝."   오력유능사저시조

子曰, "道之將行也與, 命也,   자왈 도지장행야여 명야

道之將廢也與, 命也. 公伯寮其如命何!" 도지장폐야여 명야 공백료기여명하

37

子曰, "賢者辟世, 其次辟地,   자왈 현자피세 기차피지

其次辟色, 其次辟言."   기차피색 기차피언

子曰, "作者七人矣."   자왈 작자칠인의

바름으로 원한을 갚고, 인덕은 인덕으로 보답해야 한다."

35

공자께서 말씀하셨다. "나를 알아주는 이가 없구나!"

곁에 있던 자공이 말했다. "어찌 선생님을 알아보는 이가 없다고 하십니까?"

공자께서 말씀하셨다. "나는 하늘을 원망하지 않고, 사람을 탓하지도 않는다. 차근차근 배워서 높은 곳까지 이르렀다. 나를 알아주실 이는 하늘밖에 없을 것이다."

36

공백료가 계손에게 자로를 모함했다. 자복경백이 이 사실을 공자께 아뢰었다. "계손께서 공백료 말을 듣고 흔들리고 계십니다. 제 힘만으로 공백료 정도는 시장 거리에 매달 수 있습니다."

공자께서 말씀하셨다. "하늘의 도가 이 땅에 행해지는 것도 하늘의 뜻이고, 이 땅에서 사라지는 것도 하늘의 뜻이다. 공백료가 하늘의 명을 어찌 할 수 있겠는가!"

37

공자께서 말씀하셨다. "진정 뛰어난 사람은 세상을 피해 은거하고, 그다음 사람은 나라를 피하고, 또 그다음은 여색을 피하고, 그다음은 말을 피한다."

38

子路宿於石門. 晨門曰, "奚自?"

子路曰, "自孔氏."

曰, "是知其不可而爲之者與?"

자로숙어석문 신문왈 해자

자로왈 자공씨

왈 시지기불가이위지자여

39

子擊磬於衛, 有荷蕢而過孔氏之門者,

曰, "有心哉, 擊磬乎!"

旣而曰, "鄙哉, 硜硜乎! 莫己知也,

斯己而已矣. 深則厲, 淺則揭."

子曰, "果哉! 末之難矣."

자격경어위 유하궤이과공씨지문자

왈 유심재 격경호

기이왈 비재 경경호 막기지야

사기이이의 심즉려 천즉게

자왈 과재 말지난의

40

子張曰, "書云, '高宗諒陰, 三年不言.'

何謂也?"

子曰, "何必高宗, 古之人皆然. 君薨,

百官總己以聽於冢宰三年."

자장왈 서운 고종양암 삼년불언

하위야

자왈 하필고종 고지인개연 군훙

백관총기이청어총재삼년

공자께서 또 말씀하셨다. "문화를 창조한 이는 역사상 일곱 분밖에 없다."

38

자로가 석문에서 하루 묵었다.
문지기가 물었다. "어디서 오십니까?"
"제 스승과 같이 있다 오는 길입니다."
"안 되는 줄 알면서 애쓰시는 그분 말씀입니까?"

39

공자께서 위나라에 계실 적에 편경을 연주하신 적이 있다. 어떤 사람이 삼태기를 메고 공자가 머물 던 곳을 지나갔다. "편경 소리에 마음이 묻어나는구나!" 조금 지나 다시 말했다. "깊지가 못하다! 자기를 알아주지 않으면 그뿐이지! (옛 노래에) '강이 깊으면 옷 입은 채로 건너고 얕으면 옷을 걷지'."
공자께서 말씀하셨다. "과감하다! 하지만 따지기도 어렵다."

40

자장이 여쭈었다. "『상서』에 '은나라 고종은 양암에서 3년 동안 말없이 계셨다'라고 했는데 무슨 뜻입니까"
공자께서 말씀하셨다. "고종께서만 그렇게 하셨겠느냐? 옛 성왕께서는 모두 그렇게 하셨다. 부왕이 승하하면 모든 신하가 (왕이 아니라) 총재에게 3년 동안 명령을 듣는다."

41

子曰, "上好禮, 則民易使也."

자왈 상호례 즉민이사야

42

子路問君子. 子曰, "脩己以敬."

자로문군자 자왈 수기이경

曰, "如斯而已乎?" 曰, "脩己以安人."

왈 여사이이호 왈 수기이안인

曰, "如斯而已乎?"

왈 여사이이후

曰, "脩己以安百姓. 脩己以安百姓,

왈 수기이안백성 수기이안백성

堯舜其猶病諸?"

요순기유병저

43

原壤夷俟. 子曰, "幼而不孫弟,

원양이사 자왈 유이불손제

長而無述焉,

장이무술언

老而不死, 是爲賊." 以杖叩其脛.

노이불사 시위적 이장고기경

44

闕黨童子將命. 或問之曰, "益者與?"

궐당동자장명 혹문지왈 익자여

子曰, "吾見其居於位也,

자왈 오견기거어위야

41

공자께서 말씀하셨다. "지도층이 예법을 잘 지키면, 백성을 부리기 쉽다."

42

자로가 리더에 관해서 물었다.

공자께서 말씀하셨다. "자신을 갈고닦아 경건해져야 한다."

"그렇게만 하면 됩니까?"

"자신을 갈고닦아 백성을 바르게 이끌어야 한다."

"그렇게만 하면 됩니까?"

"리더가 자신을 갈고닦아 백성을 바르게 이끌 수 있다면, 리더가 진정 수양해서 백성을 바른길로 인도할 수 있다면 더할 나위 없다. 요임금, 순임금도 그러지 못해 애통해하셨다."

43

원양이 어른을 보고도 걸터앉아 있었다. 공자께서 말씀하셨다. "어려서 불손하고, 장성해서 평가받을 만한 업적도 없고, 늙어서는 죽지도 않는구나. 이런 도둑놈 같으니라구!" 그러시고 지팡이로 원양의 정강이를 가볍게 치셨다.

44

궐당의 동자가 심부름을 왔다. 어떤 사람이 물었다. "저 아이는 나아진 게 있습니까?"

見其與先生並行也. 非求益者也,
欲速成者也."

見其與先生並行也 非求益者也

欲速成者也

공자께서 말씀하셨다. "어른과 동석하고, 선생과 나란히 걷는 것을 보았습니다. 성장하려고 하는 것이 아니라 빨리 무언가를 이루고 싶어 하는 것 같습니다."

公靈衛
五十第

1

衛靈公問陳於孔子. 孔子對曰,
"俎豆之事, 則嘗聞之矣,
軍旅之事, 未之學也."

위령공문진어공자 공자대왈
조두지사 즉상문지의
군려지사 미지학야

2

明日遂行, 在陳絶糧, 從者病, 莫能興.
子路慍見曰, "君子亦有窮乎?"
子曰, "君子固窮, 小人窮斯濫矣."

명일수행 재진절량 종자병 막능흥
자로온현왈 군자역유궁호
자왈 군자고궁 소인궁사람의

3

子曰, "賜也, 女以予爲多學而識之者與?"
對曰, "然, 非與?"
曰, "非也, 予一以貫之."

자왈 사야 여이여위다학이지지자여
대왈 연 비여
왈 비야 여일이관지

4

子曰, "由! 知德者鮮矣."

자왈 유 지덕자선의

5

子曰, "無爲而治者 其舜也與?

자왈 무위이치자 기순야여

1

위나라 영공이 공자에게 군사에 관해서 자문을 구했다.

공자께서 말씀하셨다. "제사에 관해서 들은 적이 있습니다만, 전쟁은 배우지 못했습니다."

2

이튿날 공자께서는 위나라를 떠나셨다. 진나라에 도착하자 양식이 떨어졌다. 제자들이 몹시 지쳐 일어나지 못했다. 자로가 얼굴을 붉히며 말했다. "군자도 곤궁할 때가 있습니까?"

공자께서 말씀하셨다. "군자는 본래 곤궁한 법 (그래도 정도를 지키지만), 소인은 곤궁하면 못 하는 짓이 없다."

3

공자께서 말씀하셨다. "사야! 너는 나를 공부 많이 하고 잘 외우는 사람이라고 생각하느냐?"

자공이 대답했다. "그렇습니다. 아닙니까?"

"아니다. 나는 하나로 모든 것을 꿰뚫고 있다."

4

공자께서 말씀하셨다. "유야! 인덕에 관해서 아는 사람이 드물구나!"

5

공자께서 말씀하셨다. "무위하시면서 천하를 다스리는 분은 순임

夫何爲哉? 恭己正南面而已矣."

부하위재 공기정남면이이의

6

子張問行. 子曰, "言忠信, 行篤敬,
雖蠻貊之邦, 行矣.
言不忠信, 行不篤敬, 雖州里,
行乎哉? 立則見其參於前也,
在輿則見其倚於衡也, 夫然後行."
子張書諸紳.

자장문행 자왈 언충신 행독경
수만백지방 행의
언불충신 행불독경 수주리
행호재 입즉견기참어전야
재여즉견기의어형야 부연후행
자장서저신

7

子曰, "直哉史魚! 邦有道, 如矢,
邦無道, 如矢. 君子哉蘧伯玉!
邦有道, 則仕, 邦無道, 則可卷而懷之."

자왈 직재사어 방유도 여시
방무도 여시 군자재거백옥
방유도 즉사 방무도 즉가권이회지

8

子曰, "可與言而不與言, 失人,
不可與言而與之言, 失言.
知者不失人, 亦不失言."

자왈 가여언이불여언 실인
불가여언이여지언 실언
지자불실인 역불실언

금일 것이다. 어떻게 하셨는가? 공손하고 경건한 자세로 남쪽을 바라보셨을 뿐이다."

6

자장이 '어떻게 하면 뜻을 펼 수 있는지' 여쭈었다.
"말은 진실하고 미쁘게 하고 행동은 독실하고 경건하게 해야 한다. 그렇다면 오랑캐 땅에 가서도 네 뜻을 펼 수가 있다. 말이 진실하지도 미쁘지도 않고, 행동이 독실하지도 경건하지도 않으면 조그만 마을에서 네 뜻이 통하지 않을 것이다. (이 말을 항상 유념해) 일어서면 이 말이 눈에 보여야 하고, 수레에 타면 횡목에 새겨진 듯이 보여야 한다. 그렇게 해야만 네 뜻을 펼 수가 있다."
자장이 이 말씀을 허리띠에 적었다.

7

공자께서 말씀하셨다. "곧구나! 사어여! 나라에 도가 있으면 화살처럼 꼿꼿하고, 나라에 도가 없을 때도 화살처럼 곧구나. 군자답구나! 거백옥이여! 나라에 도가 있으면 벼슬길에 나가고 나라에 도가 없으면 마음을 접고 은거하는구나."

8

공자께서 말씀하셨다. "말할 만한 사람인데 말을 하지 않으면 그 사람을 잃고, 말할 만한 사람이 아닌데도 말을 하면 그 말을 잃는다. 슬기로운 사람은 말도 사람도 잃지 않는다."

9

子曰, "志士仁人, 無求生以害仁,
有殺身以成仁."

자왈 지사인인 무구생이해인
유살신이성인

10

子貢問爲仁. 子曰, "工欲善其事,
必先利其器.
居是邦也, 事其大夫之賢者,
友其士之仁者."

자공문위인 자왈 공욕선기사
필선리기기
거시방야 사기대부지현자
우기사지인자

11

顔淵問爲邦. 子曰, "行夏之時,
乘殷之輅, 服周之冕, 樂則韶舞.
放鄭聲, 遠佞人. 鄭聲淫, 佞人殆."

안연문위방 자왈 행하지시
승은지로 복주지면 악즉소무
방정성 원녕인 정성음 녕인태

12

子曰, "人無遠慮, 必有近憂."

자왈 인무원려 필유근우

9

공자께서 말씀하셨다. "인간다운 길을 걷기로 굳게 결심한 사람은 삶을 구걸하면서 인간다움을 저버리는 짓을 하지 않고, 자신을 바쳐서라도 인간다움을 지켜간다."

10

자공이 인간다움을 실천할 수 있는지 물었다. "장인이 일을 잘하려면 먼저 공구를 예리하게 정비하듯 네 자신을 갈고 닦아야 한다. 어떤 나라에 가든 그곳 대부 중에서 현명한 이를 섬기고, 인간다움을 추구하는 사람들과 교유하며 네가 성장할 수 있도록 도움을 받아야 한다."

11

안연이 치국의 도를 물었다. 공자께서 말씀하셨다. "하나라의 역법을 쓰고, 은나라의 수레를 타며, 주나라 관을 쓰며, 음악은 소무로 해야 한다. 정나라 음악을 쫓아내고, 말만 잘하는 이들을 멀리해야 한다. 정나라 음악은 상궤를 벗어나 지나치고, 말만 잘하는 이들은 여러 관계를 망친다."

12

공자께서 말씀하셨다. "사람이 멀리 내다보지 않으면, 반드시 작은 우환에 시달린다."

13

子曰, "已矣乎! 吾未見好德如好色者也." 자왈 이의호 오미견호덕여호색자야

14

子曰, "臧文仲其竊位者與!   자왈 장문중기절위자여

知柳下惠之賢而不與立也."   지유하혜지현이불여립야

15

子曰, "躬自厚而薄責於人, 則遠怨矣."   자왈 궁자후이박책어인 즉원원의

16

子曰, "不曰如之何, 如之何者,   자왈 불왈여지하 여지하자

吾末如之何也已矣."   오말여지하야이의

17

子曰, "群居終日, 言不及義, 好行小慧,   자왈 군거종일 언불급의 호행소혜

難矣哉!"   난의재

18

子曰, "君子義以爲質, 禮以行之,   자왈 군자의이위질 예이행지

13

공자께서 말씀하셨다. "끝났구나! 나는 여태 여색을 좋아하는 만큼 인품을 사랑하는 이는 본 적이 없다."

14

공자께서 말씀하셨다. "장문중은 자리를 훔친 자이다. 유하혜가 뛰어난 줄 알면서도 그를 등용하지 않았으니⋯⋯."

15

공자께서 말씀하셨다. "자신을 엄하게 비판하고 다른 사람을 가볍게 책망한다면 원성이 사라질 것이다."

16

공자께서 말씀하셨다. "'어떻게 할까! 어쩌면 좋을까!' 고민하면서 노력하지 않는 사람은 나도 어쩔 수 없다."

17

공자께서 말씀하셨다. "모여 앉아 종일 노닥거리면서 좋은 이야기는 나누지 않고, 잔꾀를 부리고 잔재주나 겨룬다면 큰 인물이 되기 어렵다."

18

공자께서 말씀하셨다. "군자는 의로움을 바탕으로 삼고, 예의 바

孫以出之, 信以成之. 君子哉!"　　　　　손이출지 신이성지 군자재

19

子曰, "君子病無能焉,　　　　　자왈 군자병무능언

不病人之不己知也."　　　　　불병인지불기지야

20

子曰, "君子疾沒世而名不稱焉."　　　　　자왈 군자질몰세이명불칭언

21

子曰, "君子求諸己, 小人求諸人."　　　　　자왈 군자구저기 소인구저인

22

子曰, "君子矜而不爭, 群而不黨."　　　　　자왈 군자긍이부쟁 군이부당

23

子曰, "君子不以言擧人, 不以人廢言."　　　　　자왈 군자불이언거인 부이인폐언

르게 행동해야 하며, 겸손하게 표현하며, 상대에게 신뢰를 주면서
일을 완성해 가야 한다. 이렇게 해야 큰 어른이 된다."

19

공자께서 말씀하셨다. "진정 큰 어른은 자기 무능을 뼈아프게 생
각하지, 다른 사람이 자신을 알아주지 않는 것을 탓하지 않는다."

20

공자께서 말씀하셨다. "군자는 죽을 때까지 평가받을 만한 업적
을 남기지 못하는 것을 매우 고통스러워한다."

21

공자께서 말씀하셨다. "큰 인물은 자기를 발견하고 발전시키며,
못난이는 남이 해주기를 바라고 남을 탓하기만 한다."

22

공자께서 말씀하셨다. "참된 사람은 (인간다움의) 긍지를 지키면서
남과 다투지 않고, 무리짓거나 패거리를 만들지 않는다."

23

공자께서 말씀하셨다. "진정한 리더는 말을 잘한다고 해서 등용
하지 않고, 싫은 사람이 말해도(사람 때문에 말을 버리지 않고) 좋은
말이면 받아들인다."

24

子貢問曰, 자공문왈

"有一言而可以終身行之者乎?" 유일언이가이종신행지자호

子曰, "其恕乎! 己所不欲, 勿施於人." 자왈 기서호 기소불욕 물시어인

25

子曰, "吾之於人也, 誰毀誰譽? 자왈 오지어인야 수훼수예

如有所譽者, 其有所試矣. 여유소예자 기유소시의

斯民也, 三代之所以直道而行也." 사민야 삼대지소이직도이행야

26

子曰, "吾猶及史之闕文也. 자왈 오유급사지궐문야

有馬者借人乘之, 今亡矣夫!" 유마자차인승지 금무의부

27

子曰, "巧言亂德. 小不忍, 則亂大謀." 자왈 교언란덕 소불인 즉란대모

자공이 여쭈었다. "종신토록 마음에 새겨 실천해야 할 말씀이 있습니까?"

공자께서 말씀하셨다. "타인의 마음을 깊이 공감하고 헤아리는 '서'일 것이다. 네가 하고 싶은 것을 다른 사람에게 시키지 말고 바라지도 말아라!"

공자께서 말씀하셨다. "내가 누구를 칭찬하고 누구를 비난할 수 있겠는가? 어떤 사람을 칭찬했다면 먼저 시험해보아야 한다. 만약 지금 백성이 올바르다면 하, 은, 주 3대 동안 올바른 도를 행해서 백성이 영향을 받았기 때문일 것이다."

공자께서 말씀하셨다. "옛날 사관들은 의심나는 부분은 남겨두고 기록하지 않았고, 또 옛날 사람들은 거친 말은 말을 잘 다루는 사람에게 맡겨 길들여 탔다고 하는 말을 들었다. 지금은 이렇게 신중하게 처리하지 않는 것 같다."

공자께서 말씀하셨다. "교묘한 말 뒤에 숨으면 품위가 떨어지고, 사소한 일조차 참지 못하면 큰일을 이룰 수 없다."

28

子曰, "衆惡之, 必察焉, 衆好之,
必察焉."

자왈 중오지 필찰언 중호지
필찰언

29

子曰, "人能弘道, 非道弘人."

자왈 인능홍도 비도홍인

30

子曰, "過而不改, 是謂過矣."

자왈 과이불개 시위과의

31

子曰, "吾嘗終日不食, 終夜不寢,
以思無益, 不如學也."

자왈 오상종일불식 종야불침
이사무익 불여학야

32

子曰, "君子謀道不謀食. 耕也,
餒在其中矣, 學也, 祿在其中矣.
君子憂道不憂貧."

자왈 군자모도불모식 경야
뇌재기중의 학야 녹재기중의
군자우도불우빈

28

공자께서 말씀하셨다. "뭇 사람이 싫어해도 반드시 (진위를) 살피고, 뭇사람들이 좋아해도 반드시 살펴야 한다."

29

공자께서 말씀하셨다. "사람이 길을 넓혀가야 하지, 길이 사람을 넓혀주지 않는다."

30

공자께서 말씀하셨다. "실수하고도 바로 고치지 않았던 것이 나의 허물이다."

31

공자께서 말씀하셨다. "종일 먹지도 않고 잠도 자지 않으면서 고민해보았지만 쓸데없었다. 묻거나 배우는 것만 못했다."

32

공자께서 말씀하셨다. "군자는 인간의 길을 추구하지 돈을 쫓지 않는다. 농사를 지어도 배고프고 공부하는 것 자체가 곧 벼슬이다. 군자는 사람답게 살지 못할까 걱정하지, 가난을 염려하지는 않는다."

33

子曰, "知及之, 仁不能守之, 雖得之,
必失之. 知及之, 仁能守之.
不莊以涖之, 則民不敬.
知及之, 仁能守之, 莊以涖之,
動之不以禮, 未善也."

자왈 지급지 인불능수지 수득지
필실지 지급지 인능수지
불장이리지 즉민불경
지급지 인능수지 장이리지
동지불이례 미선야

34

子曰, "君子不可小知而可大受也,
小人不可大受而可小知也."

자왈 군자불가소지이가대수야
소인불가대수이가소지야

35

子曰, "民之於仁也, 甚於水火.
水火, 吾見蹈而死者矣,
未見蹈仁而死者也."

자왈 민지어인야 심어수화
수화 오견도이사자의
미견도인이사자야

36

子曰, "當仁, 不讓於師."

자왈 당인 불양어사

33

공자께서 말씀하셨다. "지식이 충분하더라도 인품이 바르지 않으면 지위를 얻더라도 반드시 잃게 된다. 지식도 충분하고 인품도 바르지만, 위엄을 갖추고 백성을 대하지 않으면 백성들은 공경하지 않는다. 지식도 충분하고 인품도 바르며 위엄도 갖추고 예의 바르게 행동해야 완전하다."

34

공자께서 말씀하셨다. "큰 인물은 잔일에는 미숙하지만, 큰일을 맡기면 잘 처리한다. 소인배는 큰 일은 감당하지 못하지만, 작은 일을 잘 처리한다."

35

공자께서 말씀하셨다. "사람이 사람답게 살아야 하는 것은 물과 불보다 더 중요한 가치이다. 물에 빠지거나 불에 타서 죽은 사람은 보았지만, 사람다움이 사람을 덮쳐 죽이는 것을 본 적이 없다."

36

공자께서 말씀하셨다. "인간다움을 실천할 때는 스승에게도 양보하지 않는다."

37

子曰, "君子貞而不諒."　　　　　　　자왈 군자정이불량

38

子曰, "事君, 敬其事而後其食."　　　자왈 사군 경기사이후기식

39

子曰, "有敎無類."　　　　　　　　　자왈 유교무류

40

子曰, "道不同, 不相爲謀."　　　　　자왈 도부동 불상위모

41

子曰, "辭達而已矣."　　　　　　　　자왈 사달이이의

42

師冕見, 及階, 子曰, "階也."　　　　사면현 급계 자왈 계야
及席, 子曰, "席也." 皆坐, 子告之曰,　급석 자왈 석야 개좌 자고지왈
"某在斯,　　　　　　　　　　　　　모재사

37

공자께서 말씀하셨다. "큰 인물은 정도를 걷고 작은 신의에 얽매이지 않는다."

38

공자께서 말씀하셨다. "군왕을 섬길 때 일을 경건히 처리하고 녹봉이 뒤따르게 한다."

39

공자께서 말씀하셨다. "가르칠 때 신분에 차별을 두어서는 안 된다."

40

공자께서 말씀하셨다. "가고자 하는 길이 다르면, 같이 가지 않는다."

41

공자께서 말씀하셨다. "말은 뜻만 전달되면 그만이다."

42

(장님)악사 면이 공자를 만나려 했다. 계단에 이르자 공자께서 "여기가 계단입니다"라고 하시고, 자리에 이르자 "여기가 방석입니다"라고 하셨다. 악사가 좌정하자 공자께서 일러 주셨다.

某在斯." 師冕出. 子張問曰,
"與師言之道與?" 子曰, "然,
固相師之道也."

모재사 사면출 자장문왈

여사언지도여 자왈 연

고상사지도야

"누구는 저기에, 누구는 여기에 앉아 있습니다." 악사 면이 돌아가자, 자장이 여쭈었다. "이것이 악사와 대화하는 예법입니까?" 공자께서 말씀하셨다. "그렇다. 악사를 진정으로 도울 때는 이렇게 해야 한다."

季氏第十六

계씨 제십육

1

季氏將伐顓臾. 冉有季路見於孔子曰,
"季氏將有事於顓臾."
孔子曰, "求! 無乃爾是過與? 夫顓臾,
昔者先王以爲東蒙主,
且在邦域之中矣, 是社稷之臣也.
何以伐爲?" 冉有曰, "夫子欲之,
吾二臣者皆不欲也." 孔子曰, "求!
周任有言曰, '陳力就列, 不能者止.'
危而不持, 顚而不扶,
則將焉用彼相矣? 且爾言過矣,
虎兕出於柙, 龜玉毀於櫝中,
是誰之過與?" 冉有曰, "今夫顓臾,
固而近於費. 今不取
後世必爲子孫憂." 孔子曰, "求!
君子疾夫舍曰欲之而必爲之辭.
丘也聞有國有家者,
不患寡而患不均, 不患貧而患不安.
蓋均無貧, 和無寡, 安無傾. 夫如是,
故遠人不服, 則脩文德以來之.
旣來之, 則安之. 今由與求也, 相夫子,
遠人不服, 而不能來也,
邦分崩離析, 而不能守也,

계씨장벌전유 염유계로현어공자왈
계씨장유사어전유
공자왈 구 무내이시과여 부전유
석자선왕이위동몽주
차재방역지중의 시사직지신야
하이벌위 염유왈 부자욕지
오이신자개불욕야 공자왈 구
주임유언왈 진력취렬 불능자지
위이부지 전이불부
즉장언용피상의 차이언과의
호시출어갑 귀옥훼어독중
시수지과여 염유왈 금부전유
고이근어비 금불취
후세필위자손우 공자왈 구
군자질부사왈욕지이필위지사
구야문유국유가자
불환과이환불균 불환빈이환불안
개균무빈 화무과 안무경 부여시
고원인불복 즉수문덕이래지
기래지 즉안지 금유여구야 상부자
원인불복 이불능래야
방분붕리석 이불능수야

1

계씨가 전유(노나라 속국)를 정벌하려고 했다. 염유와 계로가 공자를 찾아뵈었다.

"계씨가 전유를 병탄하려고 일을 꾸미고 있습니다."

공자께서 말씀하셨다. "구야! 네 잘못이 아니더냐! 전유는 옛날 선왕께서 동몽주로 삼으셨고, 지금도 우리 노나라 강토 안에 있다. 전유는 사직 같은 신하인데 어찌 정벌한단 말이냐?"

염유가 대답했다. "계씨가 획책한 것이지 저희 둘이 하려는 것이 아닙니다."

공자께서 말씀하셨다. "옛 사관 주임이 '직위에 따라 제 할 일을 다하고 그래도 안 되면 그만두어야 한다'라고 한 말을 들은 적이 없느냐? 위험한 길을 가는데도 막지 않고 넘어지려 해도 붙잡아주지 않는다면 보좌를 그렇게 하는 사람은 무슨 쓸모가 있겠는가? 그래서 네 말이 틀렸다는 것이다. 호랑이와 외뿔소가 우리에서 뛰쳐나와 상자에 고이 간직했던 거북이 등껍질과 옥을 짓밟는다면 이는 누가 잘못한 탓인가?"

염유가 대꾸했다. "지금 전유는 국방이 튼튼하면서 비땅과 가깝습니다. 이대로 가면 뒷날 노나라 자손에게 근심거리가 될 것입니다."

공자께서 말씀하셨다. "구야! 군자는 '그냥 하고 싶다고 말하면 될 것을 구구하게 변명하는 것'을 몹시 싫어하는 법이다. 나는 이렇게 들었다. '군주나 가장은 부족한 것보다 공평하게 분배하지 않는 것을 걱정하고, 가난을 염려하지 않고 법도대로 했는지 염려

而謀動干戈於邦內.　　　　　이모동간과어방내

吾恐季孫之憂, 不在顓臾,　　　오공계손지우 부재전유

而在蕭牆之內也."　　　　　　이재소장지내야

2

孔子曰, "天下有道,　　　　　공자왈 천하유도

則禮樂征伐自天子出, 天下無道,　즉례악정벌자천자출 천하무도

則禮樂征伐自諸侯出. 自諸侯出,　즉례악정벌자제후출 자제후출

蓋十世希不失矣, 自大夫出,　　개십세희불실의 자대부출

五世希不失矣, 陪臣執國命,　　오세희불실의 배신집국명

三世希不失矣. 天下有道,　　　삼세희불실의 천하유도

則政不在大夫. 天下有道, 則庶人不議."　즉정부재대부 천하유도 즉서인불의

3

孔子曰, "祿之去公室五世矣,　　공자왈 녹지거공실오세의

政逮於大夫四世矣,　　　　　　정체어대부사세의

故夫三桓之子孫微矣."　　　　고부삼환지자손미의

한다' 공평하게 나누면 가난이 사라지고, 조화롭게 하면 치우친 것이 없고, 법도대로 하면 부족한 곳이 없는 법이다. 이렇게 해도 면 백성이 스스로 찾아오지 않으면 학문과 인품을 닦아 그들이 오게 해야 한다. 나라 안으로 백성이 들어왔다면 합당하게 대우해야 한다. 지금 구와 유 너희 둘은 계씨를 보좌하면서 먼 백성이 따르지도 않고 오게 하지도 못한다. 나라가 무너지고 백성이 떠돌아도 이를 막지도 못하면서 우리 강토 안에서 전쟁을 일으키려 하는구나! 나는 계손의 우환이 전유가 아니라 집안 가신에게 있다고 생각한다."

2

공자께서 말씀하셨다. "천하가 바르게 돌아갈 때, 예악 같은 제도나 부정한 나라를 토벌하는 것, 이런 중대한 명령은 천자가 내렸다. 천하가 혼란하면 이런 중대한 명령을 제후가 내렸다. 제후가 명령을 내리기 시작하면 대개 열 세대 안에 나라는 망한다. 대부가 이런 명령을 내리면 다섯 세대 안에 망한다. 배신이 국명을 농단하면 세 세대 안에 망한다. 천하가 바르게 돌아간다면 대부가 권력을 농단할 수 없고, 또 일반 백성이 정치를 따지고 들지 않는다."

3

공자께서 말씀하셨다. "녹봉을 노나라 왕실에서 주지 않은 지 다섯 세대가 지났다. 대부가 실권을 잡은 지도 네 세대가 흘렀다. 그러므로 저 삼환의 자손들이 힘을 잃기 시작할 것이다."

4

孔子曰, "益者三友, 損者三友. 友直,
友諒, 友多聞, 益矣.
友便辟, 友善柔, 友便佞, 損矣."

공자왈 익자삼우 손자삼우 우직
우량 우다문 익의
우편벽 우선유 우편녕 손의

5

孔子曰, "益者三樂, 損者三樂.
樂節禮樂, 樂道人之善, 樂多賢友,
益矣. 樂驕樂, 樂佚遊, 樂宴樂, 損矣."

공자왈 익자삼락 손자삼락
낙절예악 낙두인지선 낙다혀우
익의 낙교락 낙일유 낙연락 손의

6

孔子曰, "侍於君子有三愆,
言未及之而言謂之躁,
言及之而不言謂之隱,
未見顔色而言謂之瞽."

공자왈 시어군자유삼건
언미급지이언위지조
언급지이불언위지은
미견안색이언위지고

7

孔子曰, "君子有三戒, 少之時,
血氣未定, 戒之在色, 及其壯也,
血氣方剛, 戒之在鬪, 及其老也,
血氣旣衰, 戒之在得."

공자왈 군자유삼계 소지시
혈기미정 계지재색 급기장야
혈기방강 계지재투 급기노야
혈기기쇠 계지재득

4

공자께서 말씀하셨다. "나를 성장 시키는 벗이 셋이고 나를 갉아 먹는 벗도 셋이다. 정직한 벗, 성실한 벗, 박식한 벗은 나의 성장을 돕는다. 고집 센 벗, 유들유들한 벗, 말뿐 인 벗은 나를 갉아먹는다."

5

공자께서 말씀하셨다. "나를 성장시키는 즐거움이 세 가지요, 나를 피폐하게 만드는 즐거움도 세 가지이다. 예약을 절도있게 사용하는 즐거움, 다른 사람의 장점을 말하는 즐거움, 현명한 친구가 많아지는 즐거움은 나를 성장하게 한다. 과하게 노는 즐거움, 질펀한 즐거움, 향략적 즐거움은 나를 피폐하게 만든다."

6

공자께서 말씀하셨다. "리더를 보좌하면서 조심해야 할 것이 세 가지 있다. 말하지 말아야 할 때 말하는 것은 조급한 것이고, 말해야 할 때 말하지 않는 것은 숨기는 것이며, 표정을 감추고 말하는 것을 장님처럼 어둡다고 한다.

7

공자께서 말씀하셨다. "장부는 세 가지를 조심해야 한다. 어릴 때 혈기가 불안정하므로 여색을 조심해야 한다. 장성하면 혈기가 너무 강하므로 다투는 것을 조심해야 한다. 늙으면 기력이 쇠하므로 탐욕을 조심해야 한다."

8

孔子曰, "君子有三畏, 畏天命,
畏大人, 畏聖人之言.
小人不知天命而不畏也, 狎大人,
侮聖人之言."

공자왈 군자유삼외 외천명
외대인 외성인지언
소인부지천명이부외야 압대인
모성인지언

9

孔子曰, "生而知之者上也,
學而知之者次也, 困而學之,
又其次也, 困而不學, 民斯爲下矣."

공자왈 생이지지자상야
학이지지자차야 곤이학지
우기차야 곤이불학 민사위하의

10

孔子曰, "君子有九思, 視思明,
聽思聰, 色思溫, 貌思恭, 言思忠,
事思敬, 疑思問, 忿思難, 見得思義, "

공자왈 군자유구사 시사명
청사총 색사온 모사공 언사충
사사경 의사문 분사난 견득사의

11

孔子曰, "見善如不及, 見不善如探湯.
吾見其人矣, 吾聞其語矣.

공자왈 견선여불급 견불선여탐탕
오견기인의 오문기어의

8

공자께서 말씀하셨다. "군자가 두려워해야 할 것이 세 가지이다. 하늘의 뜻을 두려워해야 하고 진정 큰 어른을 두려워해야 하며, 성인의 말씀을 두려워해야 한다. 소인은 천명도 모를뿐더러 두려워하지도 않는다. 큰 어른을 능멸하려 들고, 성인의 말씀을 무시하려 든다."

9

공자께서 말씀하셨다. "나면서부터 모든 것을 아는 사람이 최상이요, 배워서 아는 사람이 그다음이다. 어려움에 부딪혀야 비로소 배우는 사람이 또 그다음이다. 어려움에 부딪혀도 배우지 않는 사람이 수준이 가장 낮다."

10

공자께서 말씀하셨다. "군자는 늘 아홉 가지를 가슴에 품고 있다. 볼 때는 분명하게, 들을 때는 또렷하게, 표정은 온화하게, 태도는 공손하게, 말은 진실하게, 일은 경건하게 할 것을 생각하고 의심나면 물어야겠다고 생각하고, 화가 나면 나쁜 결과를 먼저 생각하고, 득을 보면 의로움을 생각한다."

11

공자께서 말씀하셨다. "선한 행동을 보면 자신이 그렇게 못한 것을 안타깝게 생각하고, 선하지 않은 행동을 보면 마치 끓는 물에

隱居以求其志, 行義以達其道.
吾聞其語矣, 未見其人也."

은거이구기지 행의이달기도
오문기어의 미견기인야

12

齊景公有馬千駟, 死之日,
民無德而稱焉.
伯夷叔齊餓于首陽之下,
民到于今稱之. 其斯之謂與?

제경공유마천사 사지왈
민무덕이칭언
백이숙제아우수양지하
민도우금칭지 기사지위여

13

陳亢問於伯魚曰, "子亦有異聞乎?"
對曰, "未也. 嘗獨立, 鯉趨而過庭.
曰, '學詩乎?' 對曰, '未也.' 不學詩,
無以言.' 鯉退而學詩. 他日, 又獨立,
鯉趨而過庭. 曰, '學禮乎?' 對曰,
'未也.' 不學禮, 無以立.' 鯉退而學禮.
聞斯二者." 陳亢退而喜曰,
"問一得三, 聞詩聞禮,
又聞君子之遠其子也."

진항문어백어왈 자역유이문호
대왈 미야 상독립 리추이과정
왈 학시호 대왈 미야 불학시
무이언 리퇴이학시 타왈 우독립
리추이과정 왈 학례호 대왈
미야 불학례 무이립 리퇴이학례
문사이자 진항퇴이희왈
문일득삼 문시문례
우문군자지원기자야

닿았듯이 재빨리 피한다고 했는데, 나는 이런 말을 들은 적도 있고 실제 그렇게 행동하는 사람도 본 적이 있다. 혼란스러운 세상에서도 조용히 자기 뜻을 가다듬고, 이로움을 실천하면서 하늘의 길에 닿는다고 했는데, 나는 이런 말을 들은 적은 있지만, 실제 행동하는 사람은 만난 적이 없다."

12

제나라 경공은 말 4천 필을 남기고 죽었으나 백성들은 그 사람 덕을 칭송하지 않는다. 백이와 숙제는 수양산에서 굶어 죽었으나 백성들은 그 덕을 지금까지도 칭송한다. 이는 무엇을 의미하겠는가?

13

진항이 공자 아들 백어에게 물었다.

"그대는 아버님께 특별히 들은 말이 있는가?"

백어가 대답했다. "없습니다. 아버님이 홀로 서 계실 때 잰걸음으로 뜰 앞을 지나간 적이 있습니다. 그때 아버님이 물으셨습니다. '시를 배웠느냐?' 아직 배우지 못했다고 대답했습니다. 다시 아버님께서 말씀하셨습니다. '시를 배우지 않으면 말을 제대로 할 수 없다'고 하셨습니다. 저는 물러나 바로 시를 공부하기 시작했습니다. 어느 날 또 홀로 계실 때 잰걸음으로 뜰 앞을 지나친 적이 있습니다. 아버님이 물으셨습니다. '예를 배웠느냐?' 제가 배우지 못했다고 말씀드렸더니 '예를 배우지 않으면 서지도 못한다'라고 하셔 물러나 바로 예를 공부했습니다. 이 두 말씀은 들었습니다."

14

邦君之妻, 君稱之曰夫人,　　　　　방군지처 군칭지왈부인

夫人自稱曰小童, 邦人稱之曰君夫人,　부인자칭왈소동 방인칭지왈군부인

稱諸異邦曰寡小君,　　　　　　　　　칭저이방왈과소군

異邦人稱之亦曰君夫人,　　　　　　　이방인칭지역왈군부인

진항은 돌아가면서 즐거워했다. "하나를 묻고 세 개를 얻었다. 시를 듣고 예를 들었다. 군자가 자식을 멀리한다는 것도 배웠다."

14

군왕의 부인을 군왕은 부인이라고 부르며, 부인 스스로는 소동이라고 한다. 같은 나라 사람은 군부인이라고 호칭하고 다른 나라 사람에 소개할 때 과소군이라고 하며 다른 나라 사람 또한 군부인이라고 부른다.

貨陽
第十七

1

陽貨欲見孔子, 孔子不見, 歸孔子豚.
孔子時其亡也, 而往拜之. 遇諸塗.
謂孔子曰, "來! 予與爾言."
曰, "懷其寶而迷其邦, 可謂仁乎?"
曰, "不可." "好從事而亟失時,
可謂知乎?" 曰, "不可." "日月逝矣,
歲不我與." 孔子曰, "諾, 吾將仕矣."

양화욕견공자 공자불견 귀공자돈
공자시기무야 이왕배지 우저도
위공자왈 래 여여이언
왈 회기보이미기방 가위인호
왈 불가 호종사이기실시
가위지호 왈 불가 일월서의
세불아여 공자왈 낙 오장사의

2

子曰, "性相近也, 習相遠也."
子曰, "唯上知與下愚不移."

자왈 성상근야 습상원야
자왈 유상지여하우불이

3

子之武城, 聞弦歌之聲.
夫子莞爾而笑曰, "割雞焉用牛刀?"

자지무성 문현가지성
부자완이이소왈 할계언용우도

1

(당시 노나라 실권자였던) 양화가 공자를 만나려고 했지만, 공자는 피했다. 양화는 공자 집에 삶은 돼지를 선물로 보냈다. 공자는 양화가 없는 틈을 타 집에 찾아가서 사례하려다 길에서 양화를 만나게 되었다.

양화가 공자에게 말했다. "이리 오시오! 잠깐 말씀 좀 나눕시다."

양화가 말을 이어갔다. "능력이 뛰어나면서도 혼란스러운 나라를 돌보지 않는다면 사람의 도리를 다했다고 할 수 있습니까?"

공자가 대답했다. "그렇지는 않겠지요."

"무언가 성취하기를 좋아하면서도 기회를 놓친다면 슬기롭다고 할 수 있습니까?"

"그럴 수 없습니다."

"세월은 빨리 흐르고 나를 기다려 주지 않습니다."

공자가 대답했다. "알겠습니다. 조만간 출사하겠습니다."

2

공자께서 말씀하셨다. "본성은 비슷하나 습관에 따라 서로 달라진다."

공자께서 말씀하셨다. "천재와 천치는 바꾸기 어렵다."

3

공자께서 (자유가 책임을 맡은) 무성으로 방문하고는 아름다운 음악을 들었다. 공자께서는 빙그레 웃으시며 말씀하셨다. "닭 잡는데

子游對曰, "昔者偃也聞諸夫子曰,　　　자유대왈 석자언야문저부자왈

'君子學道則愛人,　　　군자학도즉애인

小人學道則易使也.'" 子曰, "二三者!　　　소인학도즉이사야 자왈 이삼자

偃之言是也. 前言戱之耳."　　　언지언시야 전언희지이

4

公山弗擾以費畔, 召, 子欲往.　　　공산불요이비반 소 자욕왕

子路不說, 曰, "末之也已,　　　자로불열 왈 말지야이

何必公山氏之之也?"　　　하필공산씨지지야

子曰, "夫召我者, 而豈徒哉?　　　자왈 부소아자 이기도재

如有用我者, 吾其爲東周乎?"　　　여유용아자 오기위동주호

5

子張問仁於孔子. 孔子曰,　　　자장문인어공자 공자왈

"能行五者於天下爲仁矣."　　　능행오자어천하위인의

"請問之." 曰, "恭寬信敏惠.　　　청문지 왈 공관신민혜

恭則不侮, 寬則得衆, 信則人任焉,　　　공즉불모 관즉득중 신즉인임언

敏則有功, 惠則足以使人."　　　민즉유공 혜즉족이사인

어찌 소 잡는 칼을 쓰는가?"

자유가 퉁명스럽게 이야기했다. "저는 옛날에 선생님께서 '군자가 인간의 길을 배우면 다른 사람을 아끼게 되고, 소인이 인간의 길을 배우면 부리기 쉽다'고 말씀하신 것을 들었습니다."

공자께서 말씀하셨다. "얘들아! 언(자유)이 한 말이 맞다. 아까 한 말은 농담이었다."

4

공산불요가 비땅을 점거하고 모반을 꾀하면서 공자를 초청했다. 공자는 가고 싶어 했다. 자로가 별로 내켜 하지 않았다.

"선생님 뜻을 펼치지 못하면 그뿐이지, 어찌 공산씨에게 가려고 하십니까?"

공자께서 말씀하셨다. "어찌 허투루 나를 부르겠느냐? 만약 나를 등용해주는 나라가 있다면 동주 같은 수준 높은 나라로 만들 자신이 있다."

5

자장이 '어떻게 하면 가치 있는 삶을 살 수 있는지' 공자께 물었다.

공자께서 말씀하셨다. "다섯 가지를 천하에 실천하면 가치 있는 삶을 살았다 할 수 있겠다."

"좀 자세하게 설명해주십시오!"

"공손, 관용, 믿음, 민첩, 은혜이다. 공손하면 업신여김을 당하지 않고, 너그러우면 따르는 사람이 많고, 미쁘면 신임을 얻고, 민첩

6

佛肹召, 子欲往. 子路曰,
"昔者由也聞諸夫子曰,
'親於其身爲不善者, 君子不入也.'
佛肹以中牟畔, 子之往也, 如之何?"
子曰, "然, 有是言也. 不曰堅乎,
磨而不磷, 不曰白乎, 涅而不緇.
吾豈匏瓜也哉? 焉能繫而不食?"

필힐소 자욕왕 자로왈
석자유야문저부자왈
친어기신위불선자 군자불입야
필힐이중모반 자지왕야 여지하
자왈 연 유시언야 불왈견호
마이불린 불왈백호 날이불치
오기포과야재 언능계이불식

7

子曰, "由也! 女聞六言六蔽矣乎?"
對曰, "未也." "居! 吾語女. 好仁不好學,
其蔽也愚, 好知不好學, 其蔽也蕩,
好信不好學, 其蔽也賊, 好直不好學,
其蔽也絞, 好勇不好學, 其蔽也亂,
好剛不好學, 其蔽也狂."

자왈 유야 여문육언육폐의호
대왈 미야 거 오어녀 호인불호학
기폐야우 호지불호학 기폐야탕
호신불호학 기폐야적 호직불호학
기폐야교 호용불호학 기폐야난
호강불호학 기폐야광

하면 공을 세우고, 은혜를 베풀면 사람을 쓰기 쉽다."

6

(진나라 중모 땅을 거점으로 역모를 꾀하던) 필힐이 공자를 초빙하자 공자는 가고 싶어 했다. 자로는 불만이었다. "옛날에 선생님께서 '못된 짓을 일삼는 자와 군자는 함께 하지 않는다'고 하신 말씀을 들었습니다. 필힐은 중모를 거점으로 역모를 꾸미는데 선생님은 왜 가시려 합니까?"

공자께서 말씀하셨다. "그래, 그렇게 말한 적이 있다. 하지만 '단단하지 않은가! 갈아도 갈리지 않으니……, 희지 않은가! 물들여도 검어지지 않으니……'라는 말도 있지 않더냐? 내 어찌 조롱박처럼 살 수 있겠느냐? 그저 매달려 있으면서 누가 찾기만 기다리는……"

7

공자께서 말씀하셨다. "유야! 너는 육언, 육폐를 들은 적이 있느냐?"
자로가 대답했다. "없습니다."

"앉아라! 가르쳐주겠다. 인간다움을 좋아하면서 배우지 않는 폐단을 어리석음이라 하고, 지혜를 좋아하면서 배우지 않는 폐단을 방탕이라 하고, 신뢰를 좋아하면서 배우지 않는 폐단을 도적이라고 하고, 곧음을 좋아하면서 배우지 않는 폐단을 조급함이라 하고, 용기를 좋아하면서 배우지 않는 폐단을 혼란이라 하고, 강직함을 좋아하면서도 배우지 않는 폐단을 광기라고 한다."

8

子曰, "小子何莫學夫詩? 詩, 可以興,
可以觀, 可以群, 可以怨.
邇之事父, 遠之事君,
多識於鳥獸草木之名."
子謂伯魚曰, "女爲周南 召南矣乎?
人而不爲周南 召南,
其猶正牆面而立也與?"

자왈 소자하막학부시 시 가이흥
가이관 가이군 가이원
이지사부 원지사군
다식어조수초목지명
자위백어왈 여위주남 소남의호
인이불위주남 소남
기유정장면이립야여

9

子曰, "禮云禮云, 玉帛云乎哉?
樂云樂云, 鐘鼓云乎哉?"

자왈 예운예운 옥백운호재
악운악운 종고운호재

10

子曰, "色厲而內荏, 譬諸小人,
其猶穿窬之盜也與?"

자왈 색려이내임 비저소인
기유천유지도야여

11

子曰, "鄕愿, 德之賊也."

자왈 향원 덕지적야

8

공자께서 말씀하셨다. "어린 학생들이 왜 시를 공부하지 않는가? 시는 감정을 일으키고, 세상을 알게 해주며, 사람끼리 어울리게 만들어 주며, 슬픔을 표현하게 해준다. 가까이 어버이를 잘 모시게 하며, 멀리 임금을 잘 섬기게 한다. 시를 공부하면 조수와 초목의 이름을 많이 알게 된다."

공자께서 아들 백어에게 물으셨다. "너는 주남, 소남을 배웠느냐? 사람이고서 주남, 소남을 모르면 마치 벽을 마주 보고 서 있는 것과 같다."

9

공자께서 말씀하셨다. "예가 중요하다고 늘 말하지만, (신분을 표시하는)옥이나 말을 두고 한 말이 아니다. 음악이 중요하다고 말하지만, 종이나 북을 두고 한 말은 아니다."

10

공자께서 말씀하셨다. "표정은 위엄이 서려 있는데 속이 우유부단한 사람은 소인이다. 소인 중에서도 담을 뚫거나 넘는 도적 같은 놈이다."

11

공자께서 말씀하셨다. "향원은 다른 사람의 인덕을 해치는 도적이다."

12

子曰, "道聽而塗說, 德之棄也."　　　　자왈 도청이도설 덕지기야

13

子曰, "鄙夫可與事君也與哉?　　　　자왈 비부가여사군야여재

其未得之也, 患得之. 旣得之,　　　　기미득지야 환득지 기득지

患失之. 苟患失之, 無所不至矣."　　　　환실지 구환실지 무소부지의

14

子曰, "古者民有三疾,　　　　자왈 고자민유삼질

今也或是之亡也. 古之狂也肆,　　　　금야혹시지무야 고지광야사

今之狂也蕩, 古之矜也廉,　　　　금지광야탕 고지긍야렴

今之矜也忿戾, 古之愚也直,　　　　금지긍야분려 고지우야직

今之愚也詐而已矣."　　　　금지우야사이이의

15

子曰, "巧言令色, 鮮矣仁."　　　　자왈 교언영색 선의인

16

子曰, "惡紫之奪朱也,　　　　자왈 오자지탈주야

12

공자께서 말씀하셨다. "길에서 듣고 길에서 바로 내뱉는 것은 인간이길 포기하는 짓이다."

13

공자께서 말씀하셨다. "그릇이 작은 인물들과 어찌 같이 조정에 서겠는가? 벼슬을 못 얻으면 오직 얻을 것만 생각하고, 벼슬을 얻었다면 잃지 않으려고만 애쓴다. 만약 잃을 것에만 신경을 곤두세우고 있다면 못할 짓이 없다."

14

공자께서 말씀하셨다. "옛날 백성에게 고질병 세 가지가 있었는데 지금은 이마저 없다. 옛날 광자는 단호하게 말했는데 지금 광자(뜻만 큰 자)는 함부로 말한다. 옛날 긍자(몸가짐을 바르게 하는 자)는 모가 났지만 지금 긍자는 화만 낸다. 옛날 우자(어리석은 자)는 정직했는데 지금 우자는 남을 속이려 들뿐이다."

15

공자께서 말씀하셨다. "말만 번지르르하게 하고 겉치장만 꾸미는 이들 치고 제대로 된 인간이 드물다.!"

16

공자께서 말씀하셨다. "(정색인) 붉은색과 비슷한 보라색이 사람을

惡鄭聲之亂雅樂也,　　　　　　　　　오정성지란아악야

惡利口之覆邦家者."　　　　　　　　　오리구지복방가자

17

子曰, "予欲無言." 子貢曰, "子如不言,　　자왈 여욕무언 자공왈 자여불언

則小子何述焉?"　　　　　　　　　　　즉소자하술언

子曰, "天何言哉? 四時行焉,　　　　　　자왈 천하언재 사시행언

百物生焉, 天何言哉?"　　　　　　　　백물생언 천하언재

18

孺悲欲見孔子, 孔子辭以疾.　　　　　　유비욕견공자 공자사이질

將命者出戶, 取瑟而歌, 使之聞之.　　　장명자출호 취슬이가 사지문지

19

宰我問, "三年之喪, 期已久矣.　　　　　재아문 삼년지상 기이구의

君子三年不爲禮, 禮必壞,　　　　　　　군자삼년불위예 예필괴

三年不爲樂, 樂必崩.　　　　　　　　　삼년불위악 악필붕

舊穀旣沒, 新穀旣升, 鑽燧改火,　　　　구곡기몰 신곡기승 찬수개화

期可已矣." 子曰, "食夫稻, 衣夫錦,　　　기가이의 자왈 식부도 의부금

於女安乎?" 曰, "安." "女安則爲之!　　어녀안호 왈 안 여안즉위지

夫君子之居喪, 食旨不甘, 聞樂不樂,　　부군자지거상 식지불감 문악불락

현혹하는 것이 싫다. (난잡한) 정나라 음악이 (바른) 아악을 어지럽히는 것이 싫다. 말뿐인 자들이 나라를 망하게 하는 것을 증오한다."

17

공자께서 말씀하셨다. "나는 이제 아무말도 하지 않으련다."

자공이 말했다. "선생님이 말씀을 하시지 않으면 저희는 어떻게 배웁니까?"

공자께서 말씀하셨다. "하늘이 무슨 말씀하시더냐? 사계절을 돌아가게 하고 만물을 길러주시면서도 하늘이 무슨 말씀하시더냐?"

18

유비가 공자를 만나고 싶어 했다. 공자께서 병을 핑계로 사양했다. 심부름꾼이 나가자 공자께서는 슬을 타시고 노래를 부르면서 그 사람이 듣게 했다.

19

재아가 여쭈었다. "삼년상은 너무 긴듯합니다. 리더가 3년 동안 예법을 실천하지 않으면, 예법이 무너지고, 3년 동안 악을 시행하지 않으면 악도 무너집니다. 묵은쌀을 다 먹고, 햅쌀이 익으며, 불쏘시개 나무도 다시 올라옵니다. (세상만사가 일년이면 모두 바뀌니) 일년상이면 충분합니다."

공자께서 찬 목소리로 말씀 하셨다. "(부모가 돌아가셨는데) 너는 쌀밥을 먹고, 비단옷을 입으면 마음이 편하더냐?"

居處不安, 故不爲也. 今女安則爲之!"

居處不安, 故不爲也. 今女安則爲之!"　거처불안 고불위야 금녀안즉위지

宰我出. 子曰, "予之不仁也!　재아출 자왈 여지불인야

子生三年, 然後免於父母之懷.　자생삼년 연후면어부모지회

夫三年之喪, 天下之通喪也,　부삼년지상 천하지통상야

予也有三年之愛於其父母乎!"　여아유삼년지애어기부모호

20

子曰, "飽食終日, 無所用心,　자왈 포식종일 무소용심

難矣哉! 不有博奕者乎?　난의재 불유박혁자호

爲之猶賢乎已."　위지유현호이

21

子路曰, "君子尙勇乎?" 子曰,　자로왈 군자상용호 자왈

"君子義以爲上, 君子有勇而無義爲亂,　군자의이위상 군자유용이무의위란

小人有勇而無義爲盜."　소인유용이무의위도

22

子貢曰, "君子亦有惡乎?" 子曰, "有惡,　자공왈 군자역유오호 자왈 유오

惡稱人之惡者, 惡居下流而訕上者,　오칭인지악자 오거하류이산상자

"편안합니다."

"네가 편안하다면 그렇게 해라! 참된 인간은 어버이가 돌아가시면 단것을 먹어도 달지 않고, 음악을 들어도 즐겁지 않으며 늘 좌불안석이다. 그래서 일년상을 치르지 않는다." 재아가 물러났다. 공자께서 말씀하셨다. "재여는 사람다운 구석이 없다. 자식은 태어나서 3년이 지나야 부모님 품에서 벗어 날 수 있다. 3년상은 천하 모두가 따른다. 재여는 3년 동안 부모님 사랑을 받지 못했나 보다!"

20

공자께서 말씀하셨다. "종일 배불리 먹고도 마음을 쓸 곳이 없다면 문제가 많다. 바둑이나 장기라도 있지 않냐? 그것이라도 하는 것이 아무것도 안 하는 것보다 낫다."

21

자로가 여쭈었다. "리더도 용기가 중요하다고 생각합니까?"
공자께서 말씀하셨다. "리더는 의로움을 최상으로 여긴다. 리더가 용감하면서도 의롭지 않으면 사회가 혼란에 빠진다. 수하가 용감하면서 의롭지 않으면 도둑질을 한다."

22

자공이 여쭈었다. "군자도 미워하는 것이 있습니까?"
공자께서 말씀하셨다. "당연히 있다. 남의 단점을 지적하는 것을

惡勇而無禮者, 惡果敢而窒者."
曰, "賜也亦有惡乎?" "惡徼以爲知者,
惡不孫以爲勇者, 惡訐以爲直者."

오용이무례자 오과감이질자

왈 사야역유오호 오요이위지자

오불손이위용자 오알이위직자

23

子曰, "唯女子與小人爲難養也,
近之則不孫, 遠之則怨."

자왈 유여자여소인위난양야

근지즉불손 원지즉원

24

子曰, "年四十而見惡焉, 其終也已."

자왈 연사십이견오언 기종야이

미워하고, 아래 사람이 윗사람 험담하는 것을 미워하고, 용감하면서 예의가 없는 것을 미워하고, 과감하면서도 막혀 있는 것을 미워한다."

"사야! 너도 미워하는 것이 있느냐?"

"표절하면서 똑똑한 척하는 자를 미워하며, 불손한 것을 용기로 착각하는 자들을 미워하며, 남의 비밀을 폭로하는 것을 정직하다고 생각하는 자들을 미워합니다."

23

공자께서 말씀하셨다. "여자와 소인은 다루기 힘들다.
가까이하면 불손하고, 멀리하면 원망한다."

24

공자께서 말씀하셨다. "나이가 사십이 되어서도 다른 사람에게 미움을 받으면 그 사람 인생은 끝난 것이나 마찬가지이다."

微子第十八

미자 제십팔

1

微子去之, 箕子爲之奴, 比干諫而死.
孔子曰, "殷有三仁焉."

미자거지 기자위지노 비간간이사
공자왈 은유삼인언

2

柳下惠爲士師, 三黜. 人曰,
"子未可以去乎?" 曰, "直道而事人,
焉往而不三黜? 枉道而事人,
何必去父母之邦?"

유하혜위사사 삼출 인왈
자미가이거호 왈 직도이사인
언왕이불삼출 왕도이사인
하필거부모지방

3

齊景公待孔子曰, "若季氏,
則吾不能, 以季孟之間待之."
曰, "吾老矣, 不能用也." 孔子行.

제경공대공자왈 약계씨
즉오불능 이계맹지간대지
왈 오노의 불능용야 공자행

4

齊人歸女樂, 季桓子受之, 三日不朝,
孔子行.

제인귀녀악 계환자수지 삼일부조
공자행

1

(은나라 말기 충신인) 미자는 망명했고, 기자는 노예가 되었으며, 비
간은 (폭군 주왕에게) 간하다 (처참하게) 죽었다.

공자께서 말씀하셨다. "은나라에 진정 큰 인물이 세 분 계셨다."

2

유하혜가 사사(법무부 장관)가 되어 세 번 자리에서 쫓겨났다. 어떤
사람이 말했다. "그대는 어찌 노나라를 떠나지 않습니까?"

유하혜가 대답했다. "곧은 도로 인군을 섬기면 어디 간들 쫓겨나
지 않겠습니까? 아첨하면서 인군을 섬길 것 같으면 어딜 가도 마
찬가지이니 굳이 조국을 떠날 필요가 있겠습니까?"

3

제나라 경공이 공자를 모시려 했다. "계씨에 준하여 예우해드릴
수 없고, 계손과 맹손에 준하는 예우를 해드리겠습니다."

(제나라 조정에서 반대하자) 한참 뒤에 다시 말했다. "제가 늙어서 선
생님을 모실 수가 없습니다."

공자는 제나라를 떠났다.

4

제나라에서 미녀와 악사를 보내왔다. 당시 실권자 계환자는 이들
을 받아들이고는 사흘 동안 조회에 나오지 않았다. 이때 공자는
조국을 떠났다.

5

楚狂接輿歌而過孔子曰, "鳳兮鳳兮!　　　　초광접여가이과공자왈 봉혜봉혜

何德之衰? 往者不可諫, 來者猶可追.　　　하덕지쇠 왕자불가간 내자유가추

已而已而! 今之從政者殆而!"　　　　　　　이이이이 금지종정자태이

孔子下, 欲與之言. 趨而辟之,　　　　　　공자하 욕여지언 추이피지

不得與之言.　　　　　　　　　　　　　　부득여지언

6

長沮桀溺耦而耕, 孔子過之,　　　　　　　장저걸닉우이경 공자과지

使子路問津焉.　　　　　　　　　　　　　사자로문진언

長沮曰, "夫執輿者爲誰?"　　　　　　　　장저왈 부집여자위수

子路曰, "爲孔丘."　　　　　　　　　　　자로왈 위공구

曰, "是魯孔丘與?" 曰, "是也."　　　　　왈 시노공구여 왈 시야

曰, "是知津矣." 問於桀溺.　　　　　　　왈 시지진의 문어걸닉

桀溺曰, "子爲誰?"　　　　　　　　　　　걸닉왈 자위수

曰, "爲仲由."　　　　　　　　　　　　　왈 위중유

曰, "是魯孔丘之徒與?" 對曰, "然."　　　왈 시노공구지도여 대왈 연

曰, "滔滔者天下皆是也,　　　　　　　　왈 도도자천하개시야

而誰以易之? 且而與其從辟人之士也,　　이수이역지 차이여기종피인지사야

豈若從辟世之士哉?" 耰而不輟.　　　　　기약종피세지사재 우이불철

子路行以告. 夫子憮然曰,　　　　　　　자로행이고 부자무연왈

"鳥獸不可與同群,　　　　　　　　　　　조수불가여동군

5

초나라 광인 접여가 노래를 부르면서 공자 앞을 지나갔다.

"봉황이여! 봉황이여! 기력이 다했구려! 지나간 것은 돌이킬 수 없고, 올 것은 따라갈 수 있다네! 그만두자! 그만두자! 지금 정치가들은 모두 위험하다네!"

공자가 수레에서 내려 말을 나누고자 했다. 접여가 잰걸음으로 달아나서 이야기하지 못했다.

6

장저와 걸닉이 보습으로 밭을 갈고 있었는데, 공자가 그 앞을 지나가면서 자로를 시켜 나루터가 어디인지 묻게 했다.

장저가 말했다. "수레 고삐를 잡고 있는 이는 누구인가?"

자로가 대답했다. "제 스승인 공구이십니다."

"노나라 공구 말인가?" "네."

"그러면 나루터를 알 것이다."

자로가 다시 걸닉에게 물었다. "그대는 누구인가?"

"저는 중유라고 합니다."

"노나라 공구의 제자인가?" "예, 그렇습니다."

"천하는 큰 홍수가 난 것처럼 한쪽으로 쏠렸는데 누구와 천하를 바꾸려 한단 말인가? 그대는 사람을 피하는 자보다 세상을 피하는 사람과 함께 하는 것이 어떤가?" 말을 끝내고 계속 밭을 갈았다.

자로가 돌아와 이 말을 공자에 전했다.

공자는 탄식했다. "어찌 사람이 날짐승이나 들짐승과 함께 살 수

吾非斯人之徒與而誰與? 天下有道,
丘不與易也."

오비사인지도여이수여 천하유도
구불여역야

7

子路從而後, 遇丈人, 以杖荷蓧.
子路問曰, "子見夫子乎?"
丈人曰, "四體不勤, 五穀不分.
孰爲夫子?" 植其杖而芸. 子路拱而立.
止子路宿, 殺雞爲黍而食之,
見其二子焉. 明日, 子路行以告.
子曰, "隱者也." 使子路反見之.
至則行矣. 子路曰, "不仕無義.
長幼之節, 不可廢也, 君臣之義,
如之何其廢之? 欲絜其身, 而亂大倫.
君子之仕也, 行其義也. 道之不行,
已知之矣."

자로종이후 우장인 이장하조
자로문왈 자견부자호
장인왈 사체불근 오곡불부
숙위부자 치기장이운 자로공이립
지자로숙 살계위서이사지
견기이자언 명일 자로행이고
자왈 은자야 사자로반견지
지즉행의 자로왈 불사무의
장유지절 불가폐야 군신지의
여지하기폐지 욕결기신 이란대륜
군자지사야 행기의야 도지불행
이지지의

8

逸民, 伯夷, 叔齊, 虞仲, 夷逸, 朱張,

일민 백이 숙제 우중 이일 주장

있겠는가! 내가 사람의 무리가 아니라면 누구와 함께 할 수 있겠는가? 천하에 도가 있다면 나는 이 천하를 바꾸려는 일에 참여하지 않았을 것이다."

7

자로가 일행에 뒤처져 가다가 지팡이로 삼태기를 걸친 노인을 만났다. 자로가 물었다. "우리 선생님 못 보셨습니까?"

노인이 말했다. "팔다리를 부지런히 움직이지도 않고, 오곡도 분간하지 못한 이 더러 선생이라고 부르는가?"

노인은 지팡이를 꽂아 두고 김을 맸다. 자로는 공손히 예를 올렸다. 노인은 자로를 하루 묵게 하고 기장밥을 짓고 닭을 잡아 대접했다. 두 아들을 자로에게 인사시켰다. 다음날 자로가 돌아와 공자께 이야기했다. 공자께서 말씀하셨다. "은자다."

자로를 다시 찾아가게 했다. 자로가 도착하니 노인은 어디론가 떠나고 없었다. 자로는 두 아들에게 말을 남겼다. "이 시대에 출사하지 않는 것은 의로운 행동이 아니다. 장유유서 같은 예절을 없앨 수 없듯이, 군신 간의 의리도 없앨 수 없다. 제 한 몸만 깨끗하게 하는 것은 천하의 대륜을 어지럽히는 것이다. 군자가 출사하는 것은 세상에 올바름을 실천하려는 것이다. 도가 행해지지 않는 것은 나도 이미 알고 있다."

8

처사로는 백이, 숙제, 우중, 이일, 주장, 유하혜, 소련이 유명하다.

柳下惠, 少連.　　　　　　　　　　　류하혜 소련

子曰, "不降其志, 不辱其身, 伯夷　　　자왈 불강기지 불욕기신 백이

叔齊與! 謂柳下惠少連, 降志辱身矣,　숙제여 위유하혜소련 강지욕신의

言中倫, 行中慮, 其斯而已矣.　　　　언중륜 행중려 기사이이의

謂虞仲夷逸, 隱居放言, 身中清,　　　위우중이일 은거방언 신중청

廢中權. 我則異於是, 無可無不可."　폐중권 아즉이어시 무가무불가

9

大師摯適齊, 亞飯干適楚, 三飯繚適蔡,　태사지적제 아반간적초 삼반료적채

四飯缺適秦, 鼓方叔入於河,　　　　　사반결적진 고방숙입어하

播鼗武入於漢, 少師陽, 擊磬襄, 入於海.　파도무입어한 소사양 격경양 입어해

10

周公謂魯公曰, "君子不施其親,　　　주공위노공왈 군자불시기친

不使大臣怨乎不以. 故舊無大故,　　　불사대신원호불이 고구무대고

則不棄也. 無求備於一人!"　　　　　즉불기야 무구비어일인

11

周有八士, 伯達, 伯适, 仲突, 仲忽,　　주유팔사 백달 백괄 중돌 중홀

叔夜,　叔夏, 季隨, 季騧.　　　　　숙야 숙하 계수 계와

공자께서 말씀하셨다. "뜻을 굽히지 않으면서 모욕을 받지 않았던 분은 백이와 숙제일 것이다. 유하혜와 소련은 뜻을 굽히고 모욕도 받았지만 조리 있게 말씀하셨고 사려 깊게 행동하셨다. 이것만으로 매우 훌륭하시다. 우중과 이일은 은거하면서 몸을 깨끗이 했으며 물러나는 것이 당시 상황에서 훌륭한 처신이었다. 나는 이분들과 다르다. 반드시 해야 할 것도 없고 반드시 하지 말아야 할 것도 없다."

9

태사 지는 제나라로, 아반 간은 초나라로, 삼반 료는 채나라로, 사반 결은 진나라로 떠났다. 고 방숙은 황하로 숨었고, 파도 무는 한중으로 들어갔고 소사 양과 격경 양은 해안으로 피신했다.

10

주공이 (노나라를 분봉 받고) 떠나는 아들 백금에게 당부했다. "리더는 친족을 버리지 않는다. 신하들이 자기 생각이 쓰여지지 않는다고 원망하는 소리가 나오지 않도록 해라. 옛 친구는 큰일이 아니고는 버려서는 안 된다. 한 사람에게 완벽하기를 요구하지 마라!"

11

주나라에는 지사가 여덟 분 있었다.
백달, 백괄, 중돌, 중홀, 숙야, 숙하, 계수, 계와이다.

子張
第十九

1

子張曰, "士見危致命, 見得思義,
祭思敬, 喪思哀, 其可已矣."

자장왈 사견위치명 견득사의
제사경 상사애 기가이의

2

子張曰, "執德不弘, 信道不篤,
焉能爲有? 焉能爲亡?"

자장왈 집덕불홍 신도불독
언능위유 언능위무

3

子夏之門人問交於子張.
子張曰, "子夏云何?"
對曰, "子夏曰, '可者與之,
其不可者拒之.'"
子張曰, "異乎吾所聞, 君子尊賢而容衆,
嘉善而矜不能.
我之大賢與, 於人何所不容?
我之不賢與, 人將拒我,
如之何其拒人也?"

자하지문인문교어자장
자장왈 자하운하
대왈 자하왈 가자여지
기불가자거지
자장왈 이호오소문 군자존현이용중
가선이긍불능
아지대현여 어인하소불용
아지불현여 인장거아
여지하기거인야

1

자장이 말했다. "신사는 나라가 위태로우면 목숨을 바칠 줄 알아야 하며, 의외의 이익이 생기면 합리적인가 따져야 한다. 제사는 공경하게 모시고, 상례에는 슬픔을 다해야 한다. 이렇게 해야 신사로 평가받을 수 있다."

2

자장이 말했다. "품격을 고양하지 못하고, 하늘의 길을 독실하게 믿지 않는 사람은 평가할 필요도 없다."

3

자하의 문인이 자장에게 '사귐'에 관해서 물었다.

자장이 물었다. "자하께서 무엇이라 말씀하시던가?"

"자하께서는 '사귈 만한 사람은 사귀고, 그렇지 않은 사람은 물리쳐야 한다'고 하셨습니다."

"나는 (우리 선생님께) 다르게 들었다. 군자는 현명한 이를 존중하고 민중을 포용해야 하며, 능력이 탁월한 사람을 높이고 무능한 사람을 긍휼히 여겨야 한다고 하셨다. 내가 그릇이 크다면 다른 사람을 못 받아들일 것이 무엇이 있겠는가! 내가 어리석고 그릇도 작다면 사람들이 먼저 나를 물리칠 것인데 내가 어떻게 다른 사람을 물리치겠는가!"

4

子夏曰, "雖小道, 必有可觀者焉,
致遠恐泥, 是以君子不爲也."

자하왈 수소도 필유가관자언
치원공니 시이군자불위야

5

子夏曰, "日知其所亡, 月無忘其所能,
可謂好學也已矣."

자하왈 일지기소무 월무망기소능
가위호학야이의

6

子夏曰, "博學而篤志, 切問而近思,
仁在其中矣."

자하왈 박학이독지 절문이근사
인재기중의

7

子夏曰, "百工居肆以成其事,
君子學以致其道."

자하왈 백공거사이성기사
군자학이치기도

8

子夏曰, "小人之過也必文."

자하왈 소인지과야필문

9

子夏曰, "君子有三變, 望之儼然,

자하왈 군자유삼변 망지엄연

4

자하가 말했다. "작은 기예에도 반드시 배워야 할 것이 있다. 그러나 (인간다움의 길 같은)먼 길을 가는데 방해가 되므로 군자는 그런 것에 얽매이지 않는다."

5

자하가 말했다. "매일 자신이 부족한 부분을 돌아보고, 매월 잘하는 것을 잊지 않았을까 돌아보아야 한다. 그러면 진정 배움을 좋아한다 평가할 수 있다.

6

자하가 말했다. "두루 배우고 결심을 다져가며, 절실히 묻고 내 몸과 가까운 곳을 살펴야 한다. 그러면 인간의 길은 그 안에서 열린다."

7

자하가 말했다. "장인들이 자기 공방에서 작품을 만들 듯, 군자는 배워서 인간의 길로 들어선다."

8

자하가 말했다. "소인배의 허물은 반드시 표시가 난다."

9

자하가 말했다. "군자에게 세 가지 모습이 있다. 멀리서 바라보면

卽之也溫, 聽其言也厲."　　　　　　　즉지야온 청기언야려

10

子夏曰, "君子信而後勞其民, 未信,　　자하왈 군자신이후로기민 미신

則以爲厲己也. 信而後諫, 未信,　　　즉이위려기야 신이후간 미신

則以爲謗己也."　　　　　　　　　　즉이위방기야

11

子夏曰, "大德不踰閑, 小德出入可也."　자하왈 대덕불유한 소덕출입가야

12

子游曰, "子夏之門人小子,　　　　　　자유왈 자하지문인소자

當洒掃應對進退, 則可矣, 抑末也.　　당쇄소응대진퇴 즉가의 억말야

本之則無如之何?" 子夏聞之,　　　　본지즉무여지하 자하문지

曰, "噫! 言游過矣! 君子之道,　　　　왈 희 언유과의 군자지도

孰先傳焉? 孰後倦焉? 譬諸草木,　　숙선전언 숙후권언 비저초목

區以別矣. 君子之道, 焉可誣也?　　　구이별의 군자지도 언가무야

有始有卒者, 其唯聖人乎!"　　　　　유시유졸자 기유성인호

위엄이 서려있고, 가까이 다가가면 따뜻함이 묻어난다. 말씀을 들어보면 사리가 분명하다."

10

자하가 말했다. "리더는 백성에게 먼저 신뢰를 얻고 백성을 부려야 한다. 그렇지 않으면 백성은 자신을 괴롭힌다고 생각한다. 군왕에게 신임을 받고서 간해야 한다. 그렇지 않으면 군왕은 자기를 비방한다고 생각한다."

11

자하가 말했다. "큰 도리는 반드시 지켜야 하지만, 작은 도리는 상황에 맞춰 처신해야 한다. ."

12

자유가 말했다. "자하 제자들은 청소나 인사는 잘하지만, 말엽에 지나지 않는다. 근본을 모르니 문제가 없는가?"

자하가 이 말은 듣고 반박했다. "아! 언유(자유)는 말이 지나치다. 진정 배움의 길에 들어선 아이에게 무엇을 먼저 전하고 무엇을 나중에 전해야 하는가? (그것은 학생마다 달리해야 한다). 풀과 나무에 비유하자면 심고 거둬들이는 것은 저마다 다르지 않은가? 배움의 길에 관해서 근본을 고집하는 것은 남을 속이는 짓과 다를 바 없다. 처음부터 끝까지 모두 능하신 분은 오직 성인뿐이시다."

13

子夏曰, "仕而優則學, 學而優則仕."　　　　자하왈 사이우즉학 학이우즉사

14

子游曰, "喪致乎哀而止."　　　　자유왈 상치호애이지

15

子游曰, "吾友張也爲難能也,　　　　자유왈 오우장야위난능야
然而未仁."　　　　연이미인

16

曾子曰, "堂堂乎張也, 難與並爲仁矣."　　　　증자왈 당당호장야 난여병위인의

17

曾子曰, "吾聞諸夫子,　　　　증자왈 오문저부자
人未有自致者也, 必也親喪乎!"　　　　인미유자치자야 필야친상호

18

曾子曰, "吾聞諸夫子, 孟莊子之孝也,　　　　증자왈 오문저부자 맹장자지효야

13

자하가 말했다. "벼슬을 하면서 시간이 남으면 공부를 하고, 공부하다 시간이 남으면 벼슬길로 나간다."

14

자유가 말했다. "상을 당했을 때 (허례가 아니라) 슬픔을 다하면 충분하다."

15

자유가 말했다. "내 친구 자장은 어려운 일을 잘 처리했다. 하지만 인간으로서 최고 경지에 올랐는지는 모르겠다."

16

증자가 말했다. "당당하시도다. 자장이여! 그러나 최고 경지를 가는 길은 나와 다르시다."

17

증자가 말했다. "선생님께서 '사람은 제힘으로만 궁극에 도달하기 어렵다. 그러나 부모님 상에는 궁극의 슬픔이 터져 나온다'라고 하신 것은 들은 적이 있다."

18

증자가 말했다. "선생님께서 '맹장자의 효도 중에서 다른 것은 따

其他可能也, 其不改父之臣與父之政, 是難能也."

기타가능야 기불개부지신여부지정
시난능야

19

孟氏使陽膚爲士師, 問於曾子.
曾子曰, "上失其道, 民散久矣.
如得其情, 則哀矜而勿喜!"

맹씨사양부위사사 문어증자
증자왈 상실기도 민산구의
여득기정 즉애긍이물희

20

子貢曰, "紂之不善, 不如是之甚也.
是以君子惡居下流,
天下之惡皆歸焉."

자공왈 주지불선 불여시지심야
시이군자오거하류
천하지악개귀언

21

子貢曰, "君子之過也, 如日月之食焉,
過也, 人皆見之, 更也, 人皆仰之."

자공왈 군자지과야 여일월지식언
과야 인개견지 경야 인개앙지

22

衛公孫朝問於子貢曰, "仲尼焉學?"

위공손조문어자공왈 중니언학

라 할 수 있다. 하지만 아버지의 신하와 정치를 바꾸지 않는 것을 본받기 어렵다'라고 하신 것을 들은 적이 있다."

19

맹씨가 양부를 사사(법무부 수장)로 임명하자 양부가 증자에게 자문을 구했다.

증자가 말했다. "지도자가 법도를 잃으면 민심은 떠나고 잘 돌아오지 않는다. 백성의 실정을 잘 파악하고 공감하거나 칭찬해야 하며 네가 잘했다고 해서 좋아해서는 안 된다."

20

자공이 말했다. "(은나라 마지막 왕인) 주는 못됐기는 했지만, 평가는 실상보다 더 박하다. 그래서 군자는 모든 것을 뒤집어서 써야 하는 낮은 자리에 처하지 않는다. 천하의 모든 해악이 그곳으로 흘려 들기 때문이다."

21

자하가 말했다. "리더가 실수하면 일식과 월식처럼 눈에 잘 띈다. 실수하면 모든 사람이 이를 알아차리고, 고치면 모든 사람이 우러러보며 존경한다."

22

위나라 공손조가 자공에게 물었다. "중니(공자)께서는 어디서 배

子貢曰, "文武之道, 未墜於地, 在人.
賢者識其大者, 不賢者識其小者.
莫不有文武之道焉. 夫子焉不學?
而亦何常師之有?"

자공왈 문무지도 미추어지 재인
현자식기대자 불현자식기소자
막불유문무지도언 부자언불학
이역하상사지유

23

叔孫武叔語大夫於朝曰,
"子貢賢於仲尼." 子服景伯以告子貢.
子貢曰, "譬之宮牆, 賜之牆也及肩,
闚見室家之好. 夫子之牆數仞,
不得其門而入, 不見宗廟之美,
百官之富. 得其門者或寡矣.
夫子之云, 不亦宜乎!"

숙손무숙어대부어조왈
자공현어중니 자복경백이고자공
자공왈 비지궁장 사지장야급견
규견실가지호 부자지장수인
부득기문이입 불견종묘지미
백관지부 득기문자혹과의
부자지운 불역의호

24

叔孫武叔毀仲尼. 子貢曰, "無以爲也!
仲尼不可毀也. 他人之賢者,
丘陵也, 猶可踰也, 仲尼, 日月也,
無得而踰焉. 人雖欲自絶,
其何傷於日月乎? 多見其不知量也."

숙손무숙훼중니 자공왈 무이위야
중니불가훼야 타인지현자
구릉야 유가유야 중니 일월야
무득이유언 인수욕자절
기하상어일월호 다현기부지량야

웠습니까?"

자공이 말했다. "문왕과 무왕께서 만드신 문화가 아직 땅바닥까지 떨어지지 않고 사람을 통해 전해져 왔습니다. 뛰어난 분은 그 대강을 알아보았고, 보통 사람은 사소한 부분을 알아보았습니다. 문왕과 무왕께서 문화를 남기시지 않았다면 공자께서 어디서 배울 수 있겠습니까? 일정한 스승이 따로 있을 필요가 없는 것입니다."

23

숙손무숙이 조정에서 대부들에게 말했다. "자공이 중니보다 낫다." 자복경백이 자공에게 이 말을 전했다. 자공은 당황했다.

"궁궐 담장에 비유하자면, 나는 어깨 정도 높이에 지나지 않는다. 선생님은 끝없이 높으셔 사람들이 출구를 찾아 들어가지 못해 종묘의 아름다움이나 백관이 많다는 것을 보지 못한다. 궁궐을 찾아 들어가는 사람이 많지 않아(선생님을 제대로 알아볼 수 있는 사람도 적다) 숙손무숙 선생이 저렇게 말씀하신 것은 무리도 아닐 것이다."

24

숙손무숙이 중니를 비방했다.

자공이 말했다. "그러지 마시라! 우리 선생님은 비방할 수 있는 사람이 아니시다. 일반 현자는 작은 언덕 같아 뛰어넘을 수 있지만, 중니께서는 해와 달 같으셔 뛰어넘을 수가 없다. 사람이 스스로 관계를 끊는다 한들 해와 달에 무슨 영향을 미치겠습니까? 그저 자신의 한계를 드러낼 뿐입니다."

25

陳子禽謂子貢曰, "子爲恭也,
仲尼豈賢於子乎?"
子貢曰, "君子一言以爲知,
一言以爲不知, 言不可不愼也.
夫子之不可及也,
猶天之不可階而升也.
夫子之得邦家者, 所謂立之斯立,
道之斯行, 綏之斯來, 動之斯和.
其生也榮, 其死也哀, 如之何其可及也?"

진자금위자공왈 자위공야
중니기현어자호
자공왈 군자일언이위지
일언이위부지 언불가불신야
부자지불가급야
유천지불가계이승야
부자지득방가자 소위립지사립
도지사행 수지사래 동지사화
기생야영 기사야애 여지하기가급야

진자금(자공의 제자)이 자공에게 말했다. "선생님께서 지나치게 겸손한 것입니다. 큰 선생님이 선생님보다 어찌 뛰어나다고 하십니까?" 자공이 말했다. "말 한마디로 그 사람이 똑똑한 지 아닌지 평가할 수 있으므로 말은 늘 조심해야 한다. 우리 선생님은 따라갈 수 없는 분으로 하늘을 계단으로 타고 올라갈 수 없는 것과 같다. 선생님께서 나라를 경영할 자리에 계셨다면 세울 자리에 세우고 갈 곳은 가게 하며, 백성을 따뜻하게 품고 모두 화목하게 만들었을 것이다. 생전에는 모든 사람이 존경할 것이고, 돌아가시면 모두 슬퍼할 것이다."

堯曰
第二十

요왈 제이십

1

堯曰, "咨! 爾舜! 天之曆數在爾躬,
允執其中. 四海困窮, 天祿永終."
舜亦以命禹. 曰, "予小子履敢用玄牡,
敢昭告于皇皇后帝, 有罪不敢赦.
帝臣不蔽, 簡在帝心. 朕躬有罪,
無以萬方, 萬方有罪, 罪在朕躬."
周有大賚, 善人是富. "雖有周親,
不如仁人. 百姓有過, 在予一人."
謹權量, 審法度, 脩廢官,
四方之政行焉. 興滅國, 繼絶世,
擧逸民, 天下之民歸心焉. 所重,
民食喪祭. 寬則得衆, 信則民任焉,
敏則有功, 公則說.

요왈 자 이순 천지력수재이궁
윤집기중 사해곤궁 천록영종
순역이명우 왈 여소자리감용현모
감소고우황황후제 유죄불감사
제신불폐 간재제심 짐궁유죄
무이만방 만방유죄 죄재짐궁
주유대뢰 선인시부 수유주친
불여인인 백성유과 재여일인
근권량 심법도 수폐관
사방지정행언 흥멸국 계절세
거일민 천하지민귀심언 소중
민식상제 관즉득중 신즉민임언
민즉유공 공즉열

1

요임금이 (선양하시며) 말씀하셨다. "자! 너 순아! 이제 하늘의 뜻이 너에게 갔다. 진실로 중을 잡아라! 천하가 혼란하고 피폐하면 하늘이 네게 주신 복록을 영원히 거둘 것이다." 순임금도 우에게 선양하시며 이 말씀을 전했다.

(은나라 시조) 탕왕이 하늘에 고했다. "저 리(탕왕의 이름)는 검은 소를 바치며 밝고 밝으신 황제(하느님)께 분명하게 고합니다. 죄가 있으면 용서하지 않으셔 (하나라 마지막 왕) 폭군 걸왕의 죄를 덮어주지 않으셨습니다. 천자를 선택하는 것은 하느님의 뜻입니다. 제가 죄를 짓는다면 제 탓이지 천하 백성의 잘못이 아닙니다. 백성이 죄를 짓는다면 모두 제 잘못입니다." 하느님이 주나라에 큰 선물을 내려 주시고 인재를 많이 나게 하셨다.

(무왕이 주왕을 토벌하면서 말했다) "주나라 왕실에 친척이 많지만, 밖의 뛰어난 인재만 못하다. 백성이 지은 죄는 모두 나의 잘못 탓이다." 도량형을 통일하고, 제도를 살피고, 폐지한 관직을 다시 세우니 천하가 제자리를 잡아갔다. 멸망한 나라를 다시 세우고 끊어진 후세를 다시 이어가게 했다. 숨은 인재를 등용하자 천하 민심이 모두 돌아왔다. 백성, 곡식, 상례, 제례를 중시했다. 군왕이 너그러우면 백성이 늘어나고, 군왕이 신뢰가 있어야 백성이 신임한다. 군왕이 부지런하고 민첩하게 행동해야 업적이 생긴다. 정책을 공평하게 시행하면 백성이 좋아한다.

子張問於孔子曰, "何如斯可以從政矣?" 　자장문어공자왈 하여사가이종정의

子曰, "尊五美, 屛四惡, 斯可以從政矣." 　자왈 존오미 병사악 사가이종정의

子張曰, "何謂五美?" 　자장왈 하위오미

子曰, "君子惠而不費, 勞而不怨, 　자왈 군자혜이불비 노이불원

欲而不貪, 泰而不驕, 威而不猛." 　욕이불식 태이불교 위이불맹

子張曰, "何謂惠而不費?" 　자장왈 하위혜이불비

子曰, "因民之所利而利之, 　자왈 인민지소리이리지

斯不亦惠而不費乎? 擇可勞而勞之, 　사불역혜이불비호 택가로이로지

又誰怨? 欲仁而得仁, 又焉貪? 　우수원 욕인이득인 우언탐

君子無衆寡, 無小大, 無敢慢, 　군자무중과 무소대 무감만

斯不亦泰而不驕乎? 君子正其衣冠, 　사불역태이불교호 군자정기의관

尊其瞻視, 儼然人望而畏之, 　존기첨시 엄연인망이외지

斯不亦威而不猛乎?" 　사불역위이불맹호

子張曰, "何謂四惡?" 　자장왈 하위사악

子曰, "不敎而殺謂之虐, 　자왈 불교이살위지학

不戒視成謂之暴, 慢令致期謂之賊, 　불계시성위지폭 만령치기위지적

猶之與人也, 出納之吝謂之有司." 　유지여인야 출납지린위지유사

2

자장이 공자께 여쭈었다. "정치를 어떻게 해야 합니까?"

공자께서 말씀하셨다. "다섯 가지 아름다움을 존중하고 네 가지 나쁜 것을 물리쳐라! 그렇다면 정치를 잘한다고 할 수 있다."

자장이 물었다. "다섯 가지 아름다움은 무엇입니까?"

"리더는 은혜를 베풀더라도 낭비해서는 안 되며, 백성을 부려도 백성의 원성을 사서는 안 되며, 욕심내더라도 탐욕스러워서는 안 되며, 여유롭고 풍족하더라도 교만해서는 안 되며, 위엄을 갖추더라도 사나워서는 안 된다."

자장이 재차 물었다. "'은혜를 베풀더라도 낭비해서는 안 된다'는 말씀은 무슨 뜻입니까?"

"백성에게 마땅히 이로운 것을 해주면 은혜를 베풀면서도 낭비를 하지 않는 것이고, (때와 장소를 고려해서) 백성을 시키면 힘들더라도 백성이 누구를 원망하겠는가? 인간의 길을 걷고자 욕심내었다면 누가 그것을 탐욕이라고 하겠는가? 군자는 많고 적음, 크고 작음을 따지지 않으면서, 넘치지도 앞서지도 않으니, 여유롭고 풍족하면서 교만하지 않은 것이다. 군자는 의관을 바로 하고 상대를 존중하면서 바라본다. 그 위엄 서린 모습을 백성들이 바라보면서 외경심을 품는다. 이를 두고 위엄을 갖추고 사납지 않다고 한 것이다."

자장이 다시 물었다. "무엇을 네 가지 나쁜 것이라고 합니까?"

공자께서 말씀하셨다. "백성을 가르치지 않고 죄를 물어 사형시키는 것을 학이라고 하고, 미리 이야기하지도 않고 결과를 내라

3

孔子曰, "不知命, 無以爲君子也,
不知禮, 無以立也, 不知言,
無以知人也."

공자왈 부지명 무이위군자야
부지례 무이립야 부지언
무이지인야

고 하는 것을 폭이라고 하며, 명령을 남발하면서 기한을 촉박하게 주는 것을 적이라고 하며, 마땅히 주어야 할 것에 인색한 것을 유사라고 한다."

3

공자께서 말씀하셨다. "하늘의 뜻을 모르면 진정한 인간의 길을 걸을 수 없다. 예를 모르면 사람 구실 하기 어렵고, 말뜻을 헤아리지 못하면 사람을 파악할 수가 없다."

『논어』의 풍경

   1. 『논어』는 동아시아인들의 거울이었습니다. 동아시아인들은 『논어』라는 거울을 통해 자신의 안과 밖을 비추고 가다듬어 왔습니다. 그 거울에서 스스로의 흠과 티를 보기도 하고, 부끄러운 모습을 있는 그대로 응시하기도 했습니다. 나날의 일상과 세계를 돌아보고 성찰하기도 했습니다. 동아시아인들의 거울로서 『논어』는 동아시아인들의 내면을 이루고 멘탈리티를 형성해온 고전이라고 할 수 있습니다.

   2. 동아시아 고전 중 『논어』만큼 번역본이 많은 책도 드물 듯합니다. 그만큼 『논어』는 많은 독자층을 갖고 있다는 증거일 것입

니다. 덕분에 오늘 우리는 한문 원문을 의식하지 않아도 『논어』를 한국어로 만날 수 있는 좋은 여건에 놓여 있습니다. 이는 한편 『논어』가 여전히 해석의 여지가 남아 번역이 지속되어야 할 고전이라는 사실을 일깨워줍니다. 이처럼 『논어』의 번역이 현재진행 중이라는 것은 오늘 우리의 현실이 『논어』를 요청하고 있음을 말해주는 것인지도 모르겠습니다.

3. 『논어』는 한문이라는 고대 언어로 이루어져 있습니다. 그러다보니 동양고전을 한문으로 읽어온 이들은 『논어』 번역에 의욕을 품곤 합니다. 그러나 막상 『논어』를 번역하려 하면 한문이 '외국어'라는 사실을 절감하게 됩니다. 한문을 암송하며 내면화해온 이들은 한문을 외국어로 객관화해오지 못한 경우가 많기 때문입니다. 한 문장을 두고 어떻게 번역해야 할까, 본문과 맥락을 면밀히 살피고 오늘 우리가 놓인 언어의 장(場)이 어떠한지를 염두에 두는 고민이 없는 경우도 적지 않습니다. 때문에 한국어라는 언어에 둔감한 채 한문에 대한 지식을 우위에 둔다면 고전 번역을 하는 데에 오히려 걸림돌이 될 수도 있습니다.

4. 번역은 동양고전에 대한 해박한 지식만으로 성취되는 것은 아닙니다. 한문에 능통하다고 하여 가능한 것도 아닙니다. 한문 실력이 번역의 질을 보증해주지도 않습니다. 번역은 외국어를 모어로 운반하는 일이 아니기 때문입니다. 새로운 개념이 새로운 인식을 낳듯, 하나의 표현은 또 다른 세계를 만나게 합니다. 마찬

가지로 좋은 번역은 새로운 인식을 탄생하게 하고 새로운 세계에 눈을 뜨게 합니다. 윤지산의 한글 『논어』는 이러한 탄생과 눈뜸을 경험하게 하는 번역서가 될 것입니다.

2021년 둔춘,
감리교신학대학교 객원교수 임종수 삼가 발문을 쓰다.

논어 (論語)
동양 고전 원문 읽기 시리즈 1

초판 1쇄 인쇄 2022년 1월 5일
초판 1쇄 발행 2022년 1월 12일

지은이 윤지산

펴낸이 신민식
만든이 신지원
디자인 여백커뮤니케이션
펴낸곳 도서출판 지식여행
출판등록 제 2010-000113호

주소 서울 마포구 토정로 222 한국출판콘텐츠 센터 419호
전화 02-332-1122
팩스 02-332-4111
이메일 theorigin1971@gamil.com
홈페이지 www.sirubooks.com
영업문의 휴먼스토리 070-4229-0621
인쇄 제본 한국학술정보

ISBN 978-89-6109-525-9 (03140)
정가 15,000원